不務正業的
博物館

窺見 30 件超有戲文物的祕辛

郭怡汝——著

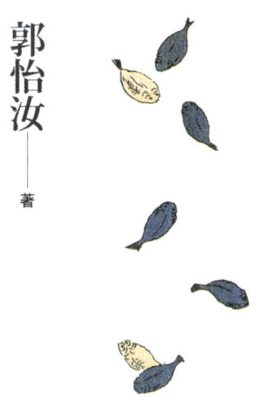

作者序

　　說到博物館，你第一個想到的是什麼？是名畫？還是那些珍貴的骨董珠寶？我們平常提到博物館，總會想到那些鎮館之寶、世界名畫等重量級的收藏。但是，博物館可不是只有這些正經八百的藏品！那些在世界各地博物館中很少被人注意的文物，其實有時候才更有戲、更有故事。這些故事，有幽默、有感人，有些還可能會讓你大喊：「真的假的啦！」

　　所以，我決定做一件稍微「叛逆」的事──寫一本打破大家對博物館文物刻板印象的書，這本書就像是一場不務正業的博物館旅程，書裡不談藝術品、文物的美學價值，也不聚焦於大師名作的鑑賞，而是介紹那些不一定是國寶級，也不一定是鎮館之寶，更不一定被冠上「必看」光環的文物，讓大家看到更真實、更有人情味的歷史痕跡。

　　有時候，一件小文物的歷史，反而會比一件世界名作更容易讓人感到共鳴。比如書中提到：不同時代和地方的狗派和貓派，用不同的方式表現他們對貓主子和汪星人的愛；記載古埃及人各種請假理

由的石板，幾千年前的埃及人，竟然也會跟現代上班族一樣，為了不想上班絞盡腦汁想出各種理由；還有那件降落傘婚紗，藏著二戰時期最浪漫的愛情故事，讓你瞬間感受到滿滿的人性溫暖和勇氣，原來愛情比我們想的更偉大。當然，更有一些文物的經歷讓人忍不住捧腹大笑和驚喜連連，像是我們總以為維納斯女神的故事應該是唯美有氣質，但沒想過她其實也會開媽媽教室?!在藝術家的畫布上，邱比特被媽媽維納斯抓起來「愛的教育」，原來女神生氣起來也和現實生活中的家長一樣有無奈與可愛。這本書裡的故事主角，或許不會出現在課本裡，但他們的選擇和行為，卻讓歷史變得更加立體和有趣，就像我們的日常生活，只是隔了幾百年甚至幾千年。

　　這本書是一座紙上博物館，不是為了取代實體博物館的存在，而是為了打開一扇門，邀請你認識那些鮮少被提起的文物，重新發現它們的魅力。每一件文物都承載著歷史的訊息，無論是穿越千年的客訴負評泥板，還是藏在日常生活中的玉山衛生紙，它們都像時光的信使，悄悄地把過去的片段帶到我們的面前。

　　非常感謝圓神出版集團願意發行這本有點不務正業的書，從初稿到定稿，編輯團隊一次次地細心修訂，讓它能以最好的樣貌呈現在大家面前。感謝我的親友團和粉絲專頁上的讀者們，有他們的支

持才會有這本書的誕生。另外，這本書中也特別選了兩件臺灣的文物，特別感謝國立臺灣歷史博物館的張淑卿組長，以及臺南市立博物館的王世宏館長，因為有他們的專業幫忙，才讓這兩件文物的故事更加完整。

最後，我想說的是，這本書不只是專門寫給博物館迷的讀物，也是寫給每一位對歷史、故事和人性感興趣的讀者。如果你曾經覺得博物館的藏品離你很遠、非常難懂，那麼希望這本書能拉近你與它們的距離。期待看完這本書後，留在你心中的，不只是那些驚奇的文物故事，還有一種對過去的好奇心和對未來的想像力。

最後，當你闔上書本，或許會開始想：「這些文物現在在哪裡？我也想去看看！」這正是我寫這本書最大的期待，希望這些文物能成為你的旅行靈感，或是探索博物館的起點，呼朋引伴一起去親眼見證這些不務正業又充滿故事的文物吧！

推薦序
「有溫度」觀看文物的角度

張淑卿

　　認識怡汝，是在去年（2024）9月，我參加了在英國舉辦的博物館工作坊。現場聚合了來自英國、法國、臺灣等地的博物館人、人類學家與文化學者。我們花了三天的時間，一起探討華人宗教文物（神聖物件）的使用脈絡與文化背景，以及如何協助西方世界理解與尊重這些文物，使其能在英國的博物館中得以正確地展示與傳達。當時的我還不知道怡汝正是經營知名的「不務正業的博物館吧」這一獨特博物館媒體的網紅版主，儘管我平時偶爾會追蹤這個充滿趣味且另類的臉書平台。

　　後來，在去年年底，怡汝連絡了我，提及她的新書出版計畫，希望在書中介紹一些臺灣文物，特別是可以在臺灣的博物館看到的展品。因此，她特別考察一趟國立臺灣歷史博物館（臺史博）的常設展。就在這樣的機緣下，臺史博館藏的「玉山衛生紙」成為書中介紹的二件臺灣文物之一。看似不起眼、隨手用完就丟的日常用品，

竟成為書中不可思議的文物。

　　為什麼作者會挑選如此日常、平凡的文物，而不是臺史博館藏之中具文化資產身分的古物，例如《荷蘭聯合東印度公司的起源與發展》、〈陸路提督林文察賞用六錢銀牌〉等，或者大家熟知的〈福爾摩沙島與漁翁群島圖〉等手繪古地圖呢？這一點其實是非常有意思的。它正反映出當代博物館關注的重點的轉變─從「物」到「人」的發展趨勢。博物館不再單純地蒐集奇珍異寶，而是將文物做為與觀眾（社群）溝通、對話的媒介。

　　過往觀眾觀看文物的眼光，往往停留於物件的工藝、技巧與美感的評價上。然而，今天的觀眾更加好奇的是隱藏文物背後的種種故事，特別是與使用者、創作者、製造者、繪製者等「人」相關的故事，也因為這些故事，讓人覺得文物更加有溫度，許多觀眾還可以從中找到與自己的關連性、共鳴感。我想這也是作者所希望傳達的觀點，有時候打破慣性的思維，從不同的角度去看文物，往往能獲得更多的驚喜──「原來有這樣我所不知道的事！」。

　　值得一提的是，作者以輕鬆有趣且富有畫面感的文筆，引領讀者從生活、藝術、科學、歷史、自然等五大主題，看見文物的經歷與多元樣貌，如同走了一趟文物之旅。特別是在讀了最後一則瑞典格

利普霍姆堡博物館的獅子標本故事時，不禁讓人噗嗤一笑。原來，標本製作背後竟然藏著如此搞笑的故事！

最後，希望大家閱讀完這本書後，能夠跟著作者的腳步，換一個有溫度的角度，走進臺灣與世界各地的博物館，探索那些有故事的文物。

（本文作者為國立臺灣歷史博物館典藏近用組副研究員兼組長）

各界推薦

　　做為博物館人員，常被問及到「哪一件是館內的鎮館之寶」、「館內的藏品哪一件最有價值」、「什麼是必看的展品」，而此書的出版，開了另個視窗，讓人可以注意到每個物件專屬的故事，在不同的時間脈絡中，既豐富了對文物所屬時期的認識，也讓物件本身更立體，更富情感，不再僅是展場內的一個物件和幾行文字。所以沒有不務正業，而是看到對博物館文物的熱愛！

──臺南市立博物館館長王世宏

　　博物館的珍藏從不是高冷的文物，而是人類生活的精華紀錄。從烏爾城的客訴泥板，到埃及社畜的請假日誌。原來我們的祖先跟我們一樣，愛八卦、怕老闆、疼寵物、嫌孩子煩。翻開這本書，讓我們一起透過這些博物館收藏，感受那些千年不變的人類日常！

──高雄市陽明國中歷史教師吳宜蓉

　　不僅能讓成年讀者讀得津津有味，對於青少年和兒童讀者，更是引導讀者接觸博物館及文物的好媒介，絕對是一本值得推薦給所有年齡層讀者的好書！　　──詹亦筑（詹奇奇｜IG人氣書評家）

目錄
CONTENTS

作者序	003
推薦序　「有溫度」觀看文物的角度　張淑卿	006
各界推薦	009

PART 1
平凡生活中的非凡故事

冰箱的老祖宗！中國古代黑科技「冰鑑」	017
史上最早的一星負評：滿滿買家怒火的古代客訴泥板	024
不只救命，也救愛情！世界大戰期間浪漫的降落傘婚紗	031
誰打我一巴掌！哈利波特巫師棋原型的英國路易斯西洋棋	036
今天不想上班？古埃及人的石板教你怎麼請假	042
「衛」為奇觀！從平凡的玉山衛生紙看見不平凡	050

PART 2
藝術文化背後的趣事與祕密

家有嚴母！維納斯女神「物理教育」邱比特系列圖像	059

畫布上的屍體：由木乃伊製作的顏料	067
擁有粉絲專屬信箱：羅浮宮名畫〈蒙娜麗莎〉	073
超級貓奴！歌川國芳讓貓主子化身為浮世繪主角	080
是惡趣味還是品味差？畫裡那隻名叫「戰利品」的小狗	088
毀了一幅畫卻救了一座小鎮：西班牙的猴子基督壁畫	094
愛瓷器勝過江山？用精銳軍隊換來的德國龍騎兵花瓶	099
你有看到我的狗狗嗎？蘇格蘭畫廊裡的可愛狻犬〈卡勒姆〉	105
藝術史上的白色誤會！五彩繽紛的古希臘羅馬雕像	111

PART3
科學突破與醫療奇觀

17世紀誕生的奇怪防疫裝備！瘟疫醫生的鳥喙面具	121
我還活著別埋我！讓人死而復活的安全棺材	130
那些年人們信的萬能療法：水蛭罐裡的吸血鬼小醫生	135
要看就得簽生死狀：居里夫人的要命筆記本	142

PART4
歷史上的意外與神奇傳說

重要時刻出包：加拿大簽錯地方的二戰停戰協議書　　151
感謝魔鬼的幫忙？中世紀唯一的《魔鬼聖經》　　159
大英博物館也有假貨！傳說中的水晶骷髏頭　　169
石馬玩意?!暑假作業意外揭開斷足白馬的百年傳說　　173
喝茶喝到被滅團?!英國戰車上的必備單品車載電熱器　　178

PART5
自然動物界的傳奇與不可思議

讓科學家一度懷疑人生的神祕生物？澳洲的鴨嘴獸標本　　187
海中的獨角獸！一角鯨據說萬能的「角」　　195
偷工減料？供不應求的古埃及動物木乃伊　　202
最悲劇的化石重組事件：紅遍全球的馬格德堡獨角獸　　208
小木偶奇遇記真人版？瑞典鯨魚標本肚內的VIP貴賓室　　212
瑞典最早的獅子之一：可能是史上最歡樂的獅子標本　　217

PART 1
平凡生活中的
非凡故事

冰箱的老祖宗！
中國古代黑科技「冰鑑」

　　說到夏天的飲料，大家第一個反應可能是冰箱、冷飲店或便利商店裡，那些喝了讓人透心涼的飲料啦！但你知道嗎？早在沒有電的古代，中國人就已經有了自己的「冰箱」，專門用來冰鎮消暑用的水果、飲料和冰品。這個古代的冰箱還有個充滿詩意的名字，叫做「冰鑑」，甚至有些設計還兼具冷氣的功能，簡直是古代科技的巔峰！這篇就要來認識這個既實用又奢華的古代神器。

什麼是冰鑑？

　　冰鑑，簡單來說，就是古人用來存放冰塊和食品的容器。它的結構相當聰明，通常分成內外兩層，外層稱為「鑑」，內層則叫「缶（ㄈㄡˇ）」。冰塊被放在兩層之間的空隙，內層的缶則用來存放食物或酒水。這樣一來，冰塊的低溫就可以讓缶裡的東西保持冰涼，聽起來是不是很像現代的冰桶呢？

　　最有名的古代冰鑑，非戰國時期出土的曾侯乙冰鑑莫屬了。這件

冰鑑在湖北曾侯乙墓中發現，它的外觀就像是四方形的銅盒子，裡面還放著一個用來裝酒和食物的小容器，兩者之間有足夠的空間可以用來放冰塊。更酷的是，這個設計還帶有蓋子，可以完全密封，保持內部的低溫。

不只如此，曾侯乙冰鑑的工藝也相當講究，不僅外層裝飾著精美細緻的龍紋，就連底下的四個腳都還特別做成獸足的造型，堪稱是藝術與實用的完美結合。而且冰鑑本身還附有長柄銅勺，專門用來舀取冰鎮後的酒水，儼然就是當時的高級餐飲設備。

古代冰箱的功能多多

冰鑑能幫食物和飲料增添清涼感，有看過《後宮甄嬛傳》的人，

曾侯乙冰鑑外觀，圖片取自Wikipedia，拍攝者：Cangminzho

古代冰鑒的構造剖面圖，圖片取自Wikipedia

可能都對華妃使用冰塊消暑的場景不陌生，這可不是虛構的劇情，早在以前知名詩人屈原就曾寫到：「挫糟凍飲，酎清涼些。」這句話的意思就是冰鎮過的酒喝起來更爽口，可見古人都懂「冰啤酒」和用冰塊納涼的魅力呢。同理可知，在冬天如果把裡面的冰塊換成熱水或木炭，冰鑑就能搖身一變成為暖暖包，甚至是烤箱，讓你吃到熱騰騰的飲料或食物，實現真正的「冬暖夏涼」。

不過冰鑑的厲害之處，可不只有這樣，它的用途超多元！早在先秦時期，《周禮》中就提到，人們會用冰鑑來保存祭品或酒水，避免它們壞掉。而有時喪禮也會使用冰鑑來保存遺體，避免腐化。

當然，除了冷藏功能以外，聰明的古人還發明了「冰鑑空調」！有些升級版的冰鑑設計了透氣的小孔，能讓冷空氣從小孔中釋放出來，幫房間降溫。而且為了不讓融化的冰水弄濕地板，還會在底部放個接水的盆子，就像我們今天的空調和冷氣機也需要排水一樣。

值得留意的是，冰鑑還是一種象徵地位的奢侈品。舉例來說，像清朝乾隆年間製作的掐絲琺瑯冰鑑，它的外觀華麗、工藝精緻，可以說是「限量版的高級家電」，只有王公貴族才用得起，顯示了冰鑑不只是實用的工具，還是家中引以為傲的裝飾品。

古人如何取得冰塊？

看到這裡，可能已經有人注意到了，要喝冰涼的飲料，有冰鑑還不夠，還得要有冰塊才行。但古代沒有製冰機，夏天的冰又是從哪

裡來的呢？其實大部分的冰塊都是仰賴冬天的天然冰喔！

為了確保夏天有充足的冰塊可以享用，周朝王室就設有專門管理冰塊和負責採冰、藏冰的機構，當時負責這些冰政的官職稱為「凌人」。雖然這個工作內容聽起來好像很歡樂，不過事實上，採冰在以前是一件非常嚴肅的事。

每到冬季，凌人會帶著工人們到河面或池塘上鑿冰，這些冰塊會依照規定被分成不同的大小運回冰窖，並且在冰窖中用稻草一層層隔開堆好，防止融化和黏在一起。不只如此，冰窖的設計非常講究，大多深埋地下，隔熱效果極佳，有時冰塊甚至可以保存到第二年的夏天。此外，由於搬運、堆放和存放過程中，冰塊難免會有消融的情形，所以採冰量通常是實際使用量的三倍，這是非常花費人力、物力和財力的工作。

冰塊等同奢侈品！

所以冰塊在過去也是極為稀罕的奢侈品。尤其在唐宋以前，冰塊的價格高昂，有文獻就說過「長安冰雪至夏月，則價等金璧」，意思是形容冰雪在炎熱的夏季裡是極為稀有且搶手的消暑聖品，價格非常高，只有富貴人家或皇室貴族才負擔得起。

唐代有個經典例子，就是楊貴妃的親戚楊國忠，當時他的權勢很大，還很喜歡炫富。有一次夏天，他在家裡宴請貴賓，為了展現自己的財力，還特別請人用大冰塊雕出一座「冰山」圍住宴席作為裝

飾。儘管當時天氣超熱,但來參加宴會的客人竟然都還冷到得披上薄棉衣,以彰顯他家非常有錢。

但是可別以為這些冰窖的冰只是用於祭祀、宴飲和炫富,它有時候還會作為皇帝的賞賜品,被視為是皇帝恩典的象徵。唐代著名詩人白居易曾提到類似的情景,他在收到冰賞後,寫了一篇〈謝冰狀〉說:「伏以頒冰之儀,朝廷盛典;以其非常之物,來表特異之恩。」意思是朝廷發了冰這種稀有的物品,象徵了皇帝的特別恩惠,讓臣子備感榮耀。另外,《大清會典》裡也記載,皇帝每年夏天會依據官員的職位高低,賜予他們冰塊,讓他們用來消暑降溫。光是想像在那個冰塊價格堪比黃金的年代,如果能分到皇帝賜的冰,那可是無上的殊榮!

除此之外,賞賜冰塊還經常出現在重大典禮或節日中,作為一種官方禮儀。

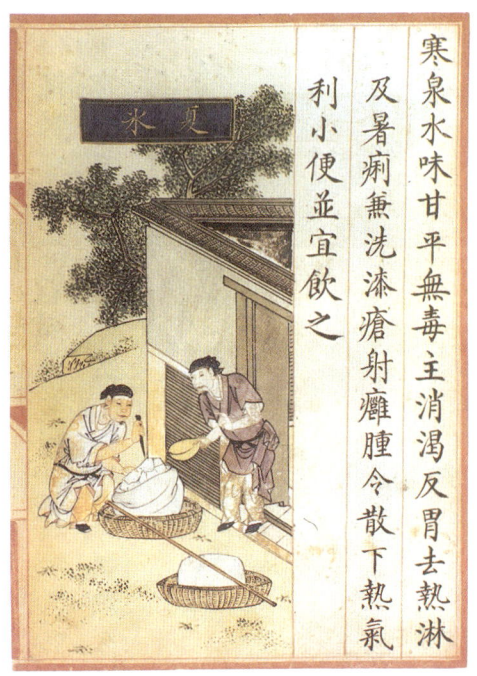

插圖描繪了兩個人從冰窖中取出冰塊,並用鑿子將其敲成較小塊狀的場景,圖片取自Wikipedia

例如每逢立夏，皇帝就會從冰窖中取出冰塊，除了供自己和後宮使用，也會分給有功臣子，甚至用來慰勞辛苦的宮廷內侍。這些「皇家冰塊」的背後，藏著的不僅是清涼，還是古代權力運作的智慧與精妙。

冰鎮飲品的悠久歷史

讓我們把重點放回冰鑑身上，冰鑑的發明讓古人有了在炎夏中享用冰鎮飲品的可能，看來冰涼飲品的魅力自古以來就深得人心！

唐宋時期，冰鑑的使用逐漸普及到富裕的市民階層。唐代甚至出現了販售冰品的小商販，他們用冰塊製作涼水、冰果等冷飲，成為街頭夏日的一景。到了宋代，冷飲的種類更為豐富，像涼水荔枝膏、冰鎮綠豆沙、雪泡梅花酒等，都曾被記錄在歷史文獻中，成為夏季不可或缺的消暑良品。

而元代則開始嘗試製冰，雖然製冰技術尚未普及，但貴族和富裕階層的民眾已經能將果汁與冰沙混合製作成冷飲，展現了古人的創意與生活情趣。據說，義大利探險家馬可波羅曾在遊記中提到東方的冷飲技術和各式各樣的冰品甜點，這或許也間接成了啟發歐洲冰品、冰淇淋誕生的靈感之一。

不輸現代科技！超越千年的智慧

隨著時代的發展，冰鑑的材料也越來越多樣化，冰鑑不再侷限於銅製，還出現了木製和陶瓷製的版本。這些冰鑑的設計更加華麗有巧思，有些內部還塗上鉛漆來增強隔熱效果，可說是集實用性與美觀於一身。

看完冰鑑的故事，真的不得不佩服古人的生活智慧！從設計精巧的銅鑑到兼具實用與裝飾效果的木箱，冰鑑的演變不僅反映了科技的進步，也展現了古人如何靈活運用自然資源，打造出便利又巧妙的日常用品。這些「冰箱的前輩」告訴我們，古代人的創意和技術，真的一點也不輸現代人。

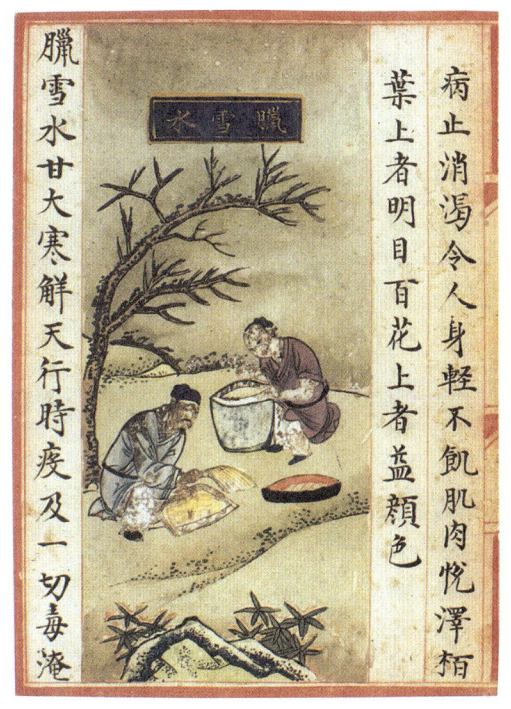

中國古人認為臘月雪花所融化的雪水「臘雪水」具有療效，圖片取自wellcome collection

史上最早的一星負評：
滿滿買家怒火的古代客訴泥板

　　你有沒有遇過買東西踩雷的經驗？比如你網購買了一件看起來仙氣飄飄的白紗洋裝，結果寄來的是一塊疑似窗簾布的東西，而且穿上還像被床單纏住一樣，氣得你想立刻上網留一星負評，並且加上「不推薦購買」這幾個斗大的字？現代人寫評論已經是家常便飯，不過你知道嗎？其實早在將近四千年前，就有一位叫做納尼（Nanni）的客戶，寫下了目前人類史上已知最早的「一星負評」，他狠狠地把一位叫做伊亞－納希爾（Ea-nāẓir）的商人罵了一頓，這封泥板寫的抱怨信，被稱為「致伊亞－納希爾投訴泥板（Complaint Tablet to Ea-nāẓir）」。

　　這塊泥板不僅被金氏世界紀錄認定為「最古老的顧客投訴」，還記錄了一段商業交易中的糾紛，一起來看看以前的人如何寫負評。

西元前1750年的負評

　　這塊泥板的故事可以追溯到西元前1750年，發生在古代美索不達

米亞的烏爾城（Ur），也就是現今的伊拉克境內。當時有一位名叫納尼的客戶，因為收到品質不佳的銅錠而大發雷霆，決定寫信向賣銅給他的銅商伊亞－納希爾表達自己強烈的不滿，甚至威脅以後再也不跟伊亞－納希爾合作。

這封信刻在一塊約11.6公分高、5公分寬、2.6公分厚的泥板上，並且以楔形文字刻寫。信中納尼詳細描述了交易的經過，並毫不客氣地質問伊亞－納希爾：「你當我是什麼人？怎麼敢這樣對我？」這語氣雖然只有幾句話，文字不多，但句句透露著納尼的不滿與控訴，讀起來有一種現代人熟悉的「負評」既視感。

到底發生了什麼事？

事情的經過其實很簡單。伊亞－納希爾是一名活躍於古代商業網絡的銅商，他經常往返於美索不達米亞和迪爾蒙（今巴林一帶），專門販賣銅錠。某次，他答應賣給納尼優質的銅錠，納尼也信任地派了僕人帶著錢去完成交易。

只是，當僕人把銅錠帶回來時，納尼一看就傻眼了：這品質，根本就是「銅錠中的垃圾」，覺得自己被當成了盤子（台語的「盼仔phàn-á」，用來形容不懂行情、把東西買貴了的人）！更糟的是，納尼還聽說自己的僕人在交易中被伊亞－納希爾粗魯的對待，他氣得直接拿起筆（當時通常使用蘆葦筆）在濕泥板上刻下了這封義憤填膺的投訴信，並且在信中寫道，他已經付款了，但拒絕接受這些

劣質的銅錠。他要求伊亞－納希爾立刻補給他原先約定的優質銅錠，而且還錢，否則他將拒絕收貨。

投訴信裡的指控

這塊泥板的投訴內容到底寫了哪些句子呢？以下為摘錄的翻譯版：

「告訴伊亞－納希爾：納尼送上以下訊息」

「當初你跟我說要給我優質的銅錠，結果呢？你完全不守信用，居然給了我的僕人一堆爛銅！還說什麼：『如果你要，就拿；不要，就滾！』你把我當什麼人了？居然用這種輕蔑的態度對我？」

納尼這句開場質問，簡直是怒氣值滿格，而且強烈傳達了「你到底把我當什麼？」的憤怒。此外，伊亞－納希爾對納尼僕人說的話，真的聽起來非常欠揍，也難怪納尼會氣得發飆。

不只如此，納尼除了抱怨銅的品質差，還指出伊亞－納希爾做了幾件讓他超生氣的事，像是：伊亞－納希爾不僅沒有按照約定給他好的銅錠，還把所有的錢都拿走了，這讓納尼覺得非常不公平。而且納尼派僕人去拿貨，結果不但什麼都沒拿到，還得一直冒險穿越「敵人領土」的危險區域。這些在納尼看來，完全就是不把他的損失和安全放在眼裡。

信的最後，納尼更直接放話威脅，說道：

「以後你敢再拿這種爛貨來敷衍我，我就要親自逐一檢查每一塊銅錠，不合格的，一律拒收。」「從今以後，我會精挑細選銅錠！」

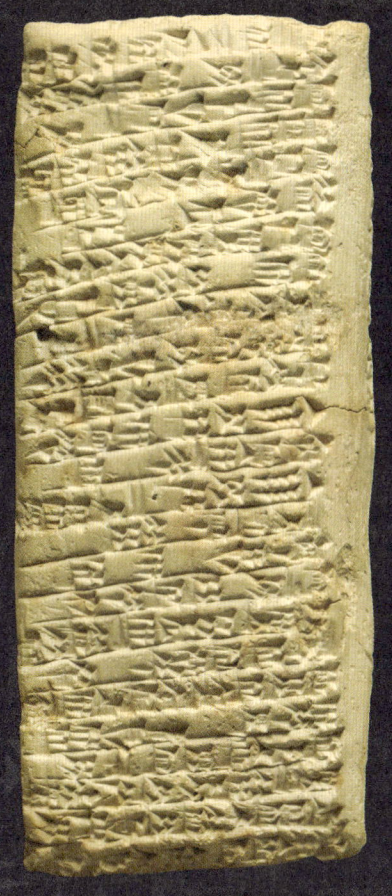

大英博物館收藏的致伊亞—納希爾投訴泥板，
左圖取自Wikipedia，拍攝者：Geni，
右圖拍攝者：郭怡汝

納尼明確地表示，他再也不會信任伊亞－納希爾所提供的銅，而且還要親自挑選。這不就是現代消費者常說的「我再也不買這家了」嗎？可以說納尼的投訴不僅火力全開，還句句具體明確，讓人感覺他真的已經氣到了極點。

伊亞－納希爾的「爛攤子」

　　有趣的是，考古學家在伊亞－納希爾的住處找到的，不僅僅有納尼的這封投訴信，還有其他類似的「負評泥板」。例如，有位名叫阿爾比圖冉（Arbituram）的客戶也寫信抱怨說，自己訂購的銅礦至今都沒有收到；還有一位客戶更直接開嘲諷，說伊亞－納希爾的「爛銅」讓他等了一年，直言自己已經受夠了劣質銅的問題。由此可見，這位銅商的「事業」真是相當的不穩定啊。

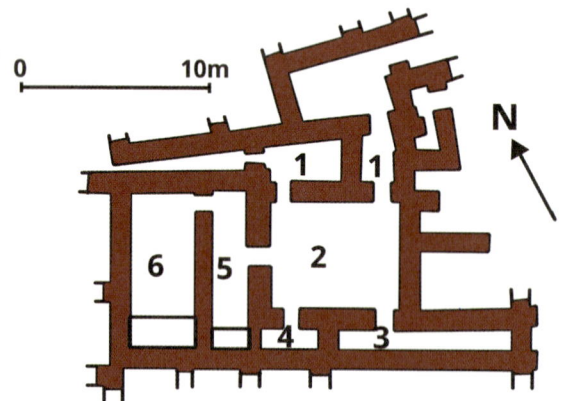

考古學家在遺址中發現的古巴比倫房屋內部插圖，可能是事主伊亞－納希爾的家，圖片取自Wikipedia，原創者：L. Woolley 和M. Mallowan，1927年。向量化：Marnanel，2024年。

從這些證據看來，伊亞－納希爾的商譽風評極差，不僅被客戶罵得狗血淋頭，甚至他的財務狀況也逐漸惡化，就連自己房子的一部分還被鄰居併入，活動空間變得越來越小，最後還不得不改行賣二手衣，甚至還去當了房市投資客，靠買賣房地產來賺快錢呢。

人類最早的文字之一：楔形文字

這塊投訴泥板上的文字是用人類最早的文字之一楔形文字所書寫的，當時的人通常會用削尖的蘆管在濕泥上壓出符號，然後把泥板晾乾或烘乾保存。雖然這樣寫字挺麻煩的，但也多虧了這種方法，才讓我們今天能窺探到幾千年前的商業糾紛。

納尼的這封投訴信，不但記錄了古代的買賣糾紛，還成

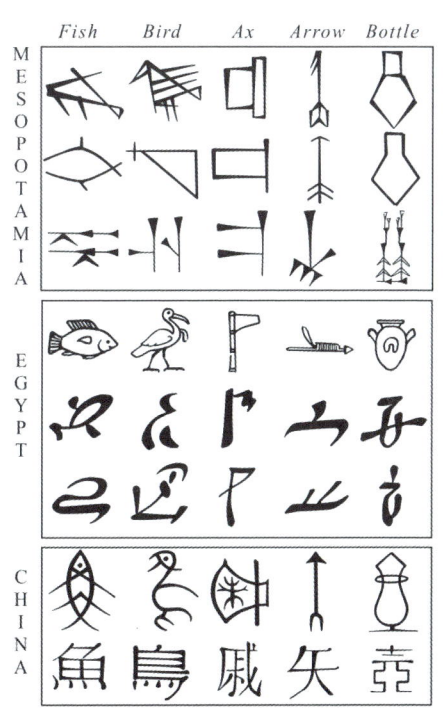

楔形文字、埃及文字和漢字的比較演變圖。圖片取自WIkipedia，作者：Maspero, G. (Gaston)

了研究古代商業交易的重要資料。它讓我們知道當時的人怎麼做生意，也反映了像納尼這樣的商人對誠實交易的期待。

一塊泥板的啟示

這塊「致伊亞－納希爾投訴泥板」在現代的社群媒體上意外成為了網路迷因，引發大量的討論。許多人發現，西元前的客訴內容居然和現代的負評如此相似，不禁感嘆「時代在變，但負評不變」。還有網友紛紛用幽默的方式再現納尼的抱怨，例如：「我訂了五星級的銅錠，結果送來的是一星的垃圾！」甚至還有人惡搞網路購物平台的商品評論，把泥板上的文字改成了現代語言。

從這塊泥板可以看出，無論是將近4000年前的納尼，還是今天的我們，大家對購物的品質和服務的期待始終如一。納尼的投訴不僅是他的情緒抒發，也是一種對公平交易的堅持。而伊亞－納希爾的教訓也讓我們學到了誠信經營是商業長久成功的基石。

不得不說這塊泥板讓人看到古代人和現代人之間的共同點，不管時代多麼不同，當買家覺得被坑的時候，還是會忍不住狠狠吐槽賣家，原來，抱怨商品或服務的歷史，幾乎和人類的文明一樣悠久。

不只救命,也救愛情!
世界大戰期間浪漫的降落傘婚紗

披上婚紗是許多人的夢想,不過你能想像在戰場上救命的降落傘,竟然能成為婚禮上最浪漫的焦點嗎?戰爭與愛情,這兩個看似毫無交集的概念,卻透過降落傘婚紗緊緊地交織在一起,這些婚紗不只是單純的降落傘布料,更藏著動人的生命奇蹟與愛情承諾。

一件從戰火中誕生的婚紗

1947年,一位名叫露絲的新娘穿著一件獨特的婚紗,緩緩步入婚禮會場。她身上美麗的白紗不是絲綢,也不是蕾絲,而是來自一塊曾經救過她未婚夫性命的降落傘。

1944年二戰期間,露絲的未婚夫克勞德駕駛著戰鬥機在日本執行轟炸任務時,意外遇到了飛機引擎起火,讓他和機組員不得不跳傘逃生。幸運的是,克勞德沒有受到嚴重的傷害,活了下來。而那塊降落傘不僅救了他的命,還成了他等待救援時的枕頭與毯子,在寒冷的天氣裡守護著他。

1920年瑞典進行降落傘測試的照片,一名男子成功降落並展示了降落傘,圖片取自Wikipedia

戰爭結束後，克勞德回到家鄉，在戰火中經歷了生離死別的他，深刻地體會到生命與愛情的珍貴。他向當時的女友，也就是一直在家鄉等待著他回來的露絲求婚，並將那塊伴隨他走過生死關頭的降落傘親手交給她，說道：「這塊降落傘曾救過我的命，現在，我希望它能成為你最美的婚紗，見證我們的愛情。」

　　露絲將這份深情化為手工藝，親手設計與製作了婚紗的裙襬，並找來當地的裁縫幫忙完成緊身胸衣和頭紗的設計。在婚禮當天，這件婚紗不僅裝點了露絲的美麗，還承載了他們對彼此的愛與承諾。這件獨一無二的婚紗隨後也陪伴著他們的家庭，陸續由他們的女兒與兒媳穿著，最終被捐贈給美國的博物館，成為珍貴的歷史文物。

二戰期間，美國工廠製作降落傘的過程，圖片取自Public Domain Media，拍攝者：Rittase, William M.

降落傘織出的白色幸福

　　把降落傘變成婚紗，這個創意完美展現了二戰時期人們的智慧與適應力。因爲在戰爭期間，物資極度短缺，像絲綢和尼龍這些珍貴的布料，通常會優先供應給軍隊，用來製作降落傘或其他軍需物資。降落傘不僅是戰場上的救命工具，也成了一種相當珍稀的資源。

　　隨著戰爭結束，許多士兵將降落傘帶回家，其中有些是他們在戰場上用過的，有些則是因損壞而無法再使用的軍需剩餘物資。這些降落傘被重新賦予了意義，成爲愛情與堅韌的象徵，並轉變爲誓言下的白色婚紗，傳遞著和平與愛。有趣的是，有些士兵甚至會直接用降落傘取代訂婚戒指，去向女友求婚呢！

　　不只是美國，二戰後的歐洲也有一些用降落傘製作婚紗的故事。在當時艱辛的環境下，不少新娘們必須在有限的資源內完成她們的夢想婚禮，而降落傘布料因爲輕柔耐用，大多數又是白色的，也成爲製作婚紗的完美選擇。有些手很巧的新娘還會在婚紗的細節加入降落傘的繩索作爲裝飾，既實用又別出心裁。

　　不過，這些降落傘婚紗也不僅只是個人幸福的代表，有時也是一種共享的象徵，展現了在戰後彼此互助支持和共度難關的精神。例如在德國的一座難民營中，有位名叫莉莉的新娘就穿上了一件降落傘製成的婚紗。她的未婚夫當時承諾，不管有多困難，都會爲她找到一件白色婚紗。最後，他在市場上找到一塊舊降落傘布，並用自

己的香菸配給與裁縫交換，請對方幫他完成這件婚紗。這件婚紗最後不僅屬於莉莉，後來也提供給了難民營中其他的新娘穿，不只成就了她們的終身大事，也讓人感受到即使是在最艱難的時代，也有愛情與信任的美好。

縫進歷史的愛與韌性

這些降落傘婚紗的故事，不只擁有個人的珍貴記憶，也是大歷史中的溫暖註腳。它們記錄了人類在困境中所展現的韌性，見證了愛情如何撫慰戰火的傷痕，帶來治癒與希望。儘管這些婚紗現在大多都被收藏在博物館裡，但它的每一針每一線都縫織著浴火重生的幸福，提醒我們，儘管處在戰爭的陰影下，愛總能找到最動人的表現形式。

這些婚紗的價值不在於布料的稀有與昂貴，而在於它們所蘊含的深厚情感——對生命延續的感恩，對愛情穿越戰火的堅定信念，以及對未來滿懷希望的祝福。降落傘婚紗訴說了，即便是在最黑暗的時代，愛依然能像光芒般照亮四周，給予我們溫暖與力量。

1. 日本降落傘製成的婚紗，圖片取自Wikipedia，拍攝者：Ben P L
2. 用諾曼地登陸的降落傘製作成的白紗，圖片取自Wikipedia，拍攝者：Lee Wright
3. 用英國降落傘製成的丹麥婚紗，衣服上還有美麗的花紋，圖片取自Wikipedia，拍攝者：Leif Jørgensen
4. 用降落傘製作的挪威婚紗。戰後用降落傘製成的紡織品成了一種時尚，圖片取自Wikipedia，拍攝者：Wolfmann

1

2

3

4

誰打我一巴掌！
哈利波特巫師棋原型的
英國路易斯西洋棋

你聽過「路易斯西洋棋」（The Lewis Chessmen）嗎？這個名字也許你沒聽過。但是如果提到電影《哈利波特：神祕的魔法石》裡，哈利和榮恩兩個人下的巫師棋，那麼想必不少人就有印象了。電影中兩位主角玩的那副紅色和白色的巫師棋，就是模仿了路易斯西洋棋的樣子。

大英博物館裡展示的路易斯西洋棋，拍攝者：郭怡汝

什麼是路易斯西洋棋？

路易斯西洋棋是一系列可以追溯到12世紀的古老棋子，這些棋子每一顆都像是一尊小雕像，最大的特色就是它們的造型既特別又吸睛，有正襟危坐的國王和皇后、拿著權杖的主教、坐在馬上的騎士，還有手持長劍與盾牌的士兵等，每個表情都看起來呆萌又有喜感。

挨耳光的皇后與咬盾牌的狂戰士

就以最有人氣、回頭率最高的皇后棋子來說，她右手撫著臉，瞪著圓圓大大的眼睛，嘴巴緊閉又微微下垂的表情，讓許多人看到都笑著說，好像是剛被人打了一巴掌，一臉震驚又憂鬱的樣子。但其實皇后的表情可是在認真思考，表現出有智慧又穩重的神情。

另外，還有一顆棋子也很受遊客歡迎，那就是右手拿劍、左手拿盾牌，上排牙齒咬住盾牌不放的戰士棋子，它趣味生動的表情讓人忍不住一看再看。不過可千萬別以為戰士是因為膽子小而躲在盾牌後面，或是因為太緊張才咬住盾牌。事實上，他們都是非常經典的北歐「狂戰士」！

根據北歐傳說，「狂戰士」在戰鬥時會進入狂暴、失去理智的狀態，他們會用牙齒用力咬住盾牌的邊緣，來展現自己像野獸一樣強大的戰鬥力，所以這些戰士棋子的造型可不是在賣萌，而是表現出英勇威武的樣子。

坐在馬上的騎士

拿著權杖的主教

手持長劍與盾牌的士兵

路易斯西洋棋裡的造型棋子，拍攝者：郭怡汝

正襟危坐的國王

認真思考的皇后

騎士

圖片取自Wikipedia

咬盾牌的狂戰士

反映中世紀歐洲的社會縮影

然而，不是每一顆路易斯西洋棋都有精緻的造型，這當中還有十九顆棋子只是一小塊看起來像墓碑一樣直立的方尖柱。它們是西洋棋裡面實力最弱小和數量最多的棋子，也代表了中世紀歐洲社會最底層的農民，沒有個人身分，而且可以被隨意取代和犧牲。換句話說，這副西洋棋其實呈現了中世紀歐洲的社會階級，像是有權力又有錢的國王、皇后、主教，以及象徵歐洲政治、戰爭活動的騎士與戰士，還有沒有任何形象，卻是社會上人口最多的無名小卒。

海邊偶然發現的稀有寶藏

如果路易斯西洋棋只是造型看起來有個性的普通西洋棋，那它才不會這麼出名呢！這系列的棋子外觀雖然沒有什麼華麗的鑲金嵌銀裝飾，但是它們大部分是用海象的牙齒雕刻而成，其中還有一些是抹香鯨的牙齒。這些材料不要說現在很難取得，就連在八百多年前，也都是非常珍貴稀有的材料，畢竟抹香鯨和海象的牙齒也不是隨便在路上或菜市場就能買得到的東西。

不過，這麼稀有的棋子到底是怎麼來的？它的主人又是誰？路易斯西洋棋的名稱來自它被發現的地區，位在蘇格蘭外海，一座叫做路易斯島的海岸上。有人說是一隻放養在海邊的母牛，某天叼了一顆棋子回家，讓主人大吃一驚，才意外地找到了存放西洋棋的石頭

洞穴。有人說是一場暴風雨襲擊了路易斯島，連日的暴雨讓埋藏在沙灘裡的西洋棋被沖刷出來，後來被在沙灘上散步的人發現。有人說這珍貴的棋子會在海邊，是因為被躲避海盜的商人埋了起來，只是對方離開後就再也沒有回來了。無論是哪一種版本，可以確定的是1831年時，路易斯西洋棋在蘇格蘭的古物協會上正式亮相，才讓這系列的西洋棋得以重見天日，被大家認識。

雖然很可惜一直到今天，我們仍然不知道棋子的主人是誰，還有它為什麼會出現在海邊，不過從棋子發現的地點和可能製造的年代來判斷，路易斯島在12世紀時，曾是屬於挪威王國的領土，加上挪威也出土過類似風格的文物，因此推測這組棋子應該是來自挪威。也就是說，棋子的主人很有可能是中世紀的北歐人，代表了當時的北歐人並不是只有刻板印象中喜歡打打殺殺、野蠻原始的維京人，還有能玩這種鬥智遊戲，有錢又有閒的權貴人士。

大英博物館的超人氣館藏

目前發現的路易斯西洋棋總共有94顆，有82顆存放在英國倫敦的大英博物館（British Museum）裡，11顆由蘇格蘭國家博物館（National Museums Scotland）收藏，另外1顆為私人收藏。

從被發現的棋子來看，可以知道原先應該有四副棋子，只是很可惜有些棋子已經找不到了。除此之外，一些棋子的底部留有紅色的痕跡，推測當時使用的應該是白色和紅色相間的棋盤，跟現在我們

習慣用的黑白棋盤不一樣。

可別看這些棋子小小的，2019年愛丁堡有一戶人家在抽屜裡發現了一顆古色古香的棋子，是這家人的爺爺在1964年用5英鎊（當時價值大約臺幣3550元）的價格所購買的。他們覺得這個棋子看起來很有魔力而且感覺很特別，所以就拿到倫敦的拍賣行鑑定，沒想到就是路易斯西洋棋五顆下落不明棋子裡的其中1顆。就是這麼一顆不到手掌大的棋子，後來在拍賣場上一口氣拍出了2千多萬臺幣的天價，所以大家可千萬要記得路易斯西洋棋的長相，說不定哪天你有機會遇到剩下的四顆也說不定喔！

大英博物館外觀，
拍攝者：郭怡汝

今天不想上班？
古埃及人的石板教你怎麼請假

現代人的請假理由花樣百出，從感冒發燒到家裡水管爆裂，總有千百種原因想讓自己逃離工作。然而，你以為這是現代人才有的創意嗎？事實證明，早在三千多年前，古埃及人就已經是請假界的鼻祖啦！他們的請假理由不僅千奇百怪，而且還超奇葩，有許多搞笑又人性化的請假事由被記錄在石板上，成為了見證歷史的重要文物。

千年前的差勤表長怎樣？

管理工作的出缺勤紀錄可不是現代公司的專利，就連幾千年前的埃及人也相當重視工人的差勤管理。就以考古學家在埃及南部的代爾麥地那（Deir el-Medina）遺址挖掘出的石板為例，這個地方曾經是專門為皇家陵墓服務的工匠村。在這裡的工匠被認為是當時技藝最高超的一群人，他們負責建造和裝飾法老的長眠之所。因此也出土了許多當時用來管理和記錄工匠出勤的差勤表——請假石板。

這些石板大多是由石灰岩製作而成，表面有紅色和黑色墨水書寫的文字，這些文字包含了工匠姓名、日期和請假事由。黑色字通常寫的是工匠的名字和日期，紅色字寫得則是請假的原因。紅色和黑色的使用能讓管理大量工匠的官員更明顯和方便的查閱內容。

而這種記錄請假的石板可以視為是古埃及版的出勤管理表，它們有個專門的名字，叫做「陵墓日誌」（Journal of the Necropolis）。簡單來說，就是用來記錄與陵墓有關活動的文書，當然就包含了建造帝王谷陵墓的工匠們，他們的工作出缺勤和工作日誌啦！這些石板不只可以讓我們認識古埃及工匠的生活點滴，還能發現他們的請假理由有多麼「創意滿滿」。

大英博物館收藏的陵墓日誌可以清楚看見紅色與黑色的字跡

古埃及記錄工匠名單的石板，圖片取自Wikipedia，來源：埃及博物館

義大利都靈埃及博物館收藏的陵墓日誌，圖片取自Wikipedia，來源：埃及博物館

古埃及版的請假理由大全

最有名的古埃及請假石板就放在大英博物館裡，不只是因為這塊石板詳細記下了一年中280天工匠請假的事由，還因為裡面有許多讓人意想不到，覺得「居然這也能請假?!」的奇葩理由，馬上就來帶大家看一些經典的案例：

1. 有蠍子咬我

一位名叫Seba的工匠請假一天的理由是被蠍子蜇了。現代人可能會笑說這理由也太誇張，但對於生活在尼羅河邊的古埃及人來說，這完全是可能發生的意外。畢竟，工作環境周遭可能真的充滿了致命的小生物。不過，這樣想想，請一天的病假夠嗎？

2. 釀造啤酒

「今天我要請假釀啤酒！」你沒看錯，釀啤酒居然是請假的理由，而且還不是罕見的個案！古埃及的啤酒不僅

一位古埃及女子正在傾倒啤酒的繪畫，圖片取自Wikipedia

是日常飲料，也是宗教祭祀的重要物品。一位名叫Amenmose的工匠，特地請假回家釀酒，顯示這對他來說，可是非常重要的事。

3. 家裡發生流血事件

古埃及人很重視家人，有不少請假紀錄說工匠因為母親或家人生病而請假。此外，還有人因為女兒或妻子流血，需要幫忙做家事而缺勤。學者們的推測，這裡的流血應該是指女性生理期。現代的我們大多可以理解女性請生理假，但應該很難想像因為家人生理期來需要幫忙做家事而必須請假。但這對古埃及人來說，可是天經地義的事，其實也讓人覺得蠻溫馨的。

4. 幫家人製作木乃伊

這理由聽起來令人震驚，卻又帶有濃濃的埃及味。一些工匠的請假事由是因為要為死去的親人製作木乃伊，例如工匠Inhurkhawy因為要幫弟弟進行防腐處理，也就是製作木乃伊，而必須請假。此外工匠Rahotep也曾請了四天假，理由是替死去的兒子製作木乃伊。對古埃及人來說，請假替家人製作木乃伊就類似現代人請喪假一樣，是個嚴肅的理由。不同的是，將親人製作成木乃伊不僅是出於對逝者的愛與尊敬，更是

埃及木乃伊，圖片取自dreamstime.com，拍攝者：Jacqui Martin

確保他們的靈魂能順利進入來世喔！

5. 跟神明一起喝酒

居然有人的請假理由是直接寫跟神明「孔蘇（Khonsu）」一起喝酒！孔蘇是古埃及的月神，不知道這位工匠是不是真的在跟神明喝酒，又或是在執行某種宗教儀式，還是實際上只是在聚會或參加社交活動呢？但他的理由看起來也太隨性了吧！

6. 幫抄寫員撿石頭

工匠們的日常不只跟建造陵墓有關，還包含替記錄文書的抄寫員找石頭和搬石頭！就有一位工匠Anuy的請假理由是「幫抄寫員找合適的石頭」，這些石頭很可能就是用於記錄的石灰岩。只是看到這個理由也不禁讓人笑出來，這些工匠的工作也太多元了吧！

古埃及月神孔蘇，
圖片取自Wikipedia，
拍攝者：Jeff Dahl

7. 跟長官在一起

工匠界的「長官小幫手」大概非Hornefer莫屬，他多次請假理由都寫著「跟長官一起」。別誤會，不是跟長官去喝下午茶，可能是幫忙跑腿處理私事。不過這種「跟老闆混」的請假理由，在古埃及

還算正當呢!看來有長官的信任果然是可以當理由用的。

8. 眼睛好痛啊!

工匠Huynefer的請假紀錄幾乎都是「眼睛痛」。不過說實話,古埃及的工作現場可能都充滿著沙塵,而且還得頂著刺眼的太陽工作,眼睛不痛才怪!不過呢,他的假單寫得如此理直氣壯,也讓人覺得或許眼睛疼是古埃及常見的工傷吧。

9. 我要蓋房子

工匠不是在幫法老蓋陵墓,就是在幫自己蓋房子或修房子。工匠Amenemwia就曾請假說要「加固門戶」,想必可能是家裡大門快掉了,不修不行。而工匠Wadjmose更厲害,直接寫「建造房屋」。看來古埃及的工匠,除了手藝超群之外,還是當時的居家修繕專家與蓋房大師呢。

10. 宗教祭祀與敬神

有些工匠特別虔誠,請假的理由是「向神明獻祭」或是「向祖先敬酒」,這放在現在聽起來可能有點像是去參加法會或是祭祖拜拜。畢竟神明和祖先可是守護全家的重要靠山,不能隨便敷衍。拿這個理由請假,老闆大概也不敢不批吧!

古埃及人請假與現代的相似之處

從這些請假紀錄可以發現,即便是古埃及人,病假依然是最常見的請假理由,從眼睛痛到被蠍子咬,就跟現代的我們因為生病和感冒請假一樣。此外,無論是媽媽生病還是為親人製作木乃伊,古埃及人對家庭的重視和對家人的關愛,其實跟現在的我們沒什麼兩樣。讀到這裡,大家會不會覺得古埃及人的生活其實有不少都跟現在的我們很相近呢?

這些請假紀錄不僅反映了當時的行政管理情形,也讓我們得以窺見古埃及的社會。即便是參與法老皇家陵墓的建造工程,工匠們還是可以提出五花八門的請假理由,說明了當時的工作規範有一定的靈活性,甚至也有些人情味。

繪出古埃及工匠的墓壁畫,圖片取自大都會藝術博物館,繪者:Norman de Garis Davies

這些石板的重要性

這些記錄請假的石板不僅是歷史紀錄,也是研究古埃及社會結構和文化的重要線索。它們揭示了當時的工匠與管理階層如何互動,也讓我們看到了古埃及人人性化的一面。

透過這些幽默又真實的請假理由,我們彷彿能想像三千年前的一個普通工作日,那些負責文書工作的官員們正低頭在石板上記錄著不同工匠的名字和請假理由,或許旁邊還有工匠因為想到明天又能因釀啤酒而請假一天,正在偷笑著呢!

古埃及工匠出勤紀錄的石板也告訴了我們,無論時代怎麼改變,人類始終在追求工作與生活之間的平衡,這也讓我們在千古歷史的縫隙中,感受到了一絲跨越時空的共鳴。所以,下次當你想請假時,不妨想想這些古埃及人的請假理由,他們的釀啤酒或被蠍子咬,或許能給你一些靈感。

埃及吉薩金字塔,圖片取自Wikipedia,拍攝者:Hamish2k

「衛」為奇觀！
從平凡的玉山衛生紙看見不平凡

還記得2018年轟動全臺的「衛生紙之亂」嗎？短短幾天內，就引發了民眾一窩蜂搶購衛生紙，掃空貨架和囤積衛生紙的情形。衛生紙，這個看似平凡的日常用品，頓時成了大家互相搶奪的珍寶。

對現代人來說，衛生紙早已是家家戶戶的必需品，我們很難想像缺少它的生活。然而，這一張張薄薄的紙其實有著一段驚人的演變歷史。不僅如此，臺灣的衛生紙還曾經迎來過輝煌的時代。這段歷史不僅見證了生活習慣的變遷，也藏著許多不為人知的趣味故事。

在紙張進到廁所之前，人們都用什麼？

在衛生紙發明和普及之前，人們上完廁所後的清潔方式可以說是千奇百怪，甚至有些讓現代的我們很難想像。

中國紙張雖然早在西元前2世紀就被用來書寫，但真正有人記錄到人們上完廁所後會用紙來擦屁股和清潔，已經是西元6世紀的事了。曾經有中國的官員寫道：「有經文或聖賢名字的紙，我可不敢拿來

在上廁所的時候用！」這說明那時候已經有人會在上廁所的時候，用紙張來擦拭屁股，但是對於印有文字的紙還是很講究，不會隨便用來如廁。

到了14世紀初，中國更開始大規模生產上廁所後使用的清潔紙張，每年大約可以製造一千萬包，每包可以包含約一千到一萬張的紙。到了明朝，這些廁所使用的紙變得更加奢華。根據記載，1393年專門為明太祖朱元璋皇室成員特製的「加香軟紙」就高達了一千五百萬張，這些紙張不僅柔軟，還散發著香氣，專門提供皇室成員們日常生活使用，堪稱是當時最頂級的廁所清潔用品之一。

古羅馬人的如廁工具「tersorium」（此為複製品），
圖片取自Wikipedia，拍攝者：Dickson. Herdemerten

另一方面，相較於東方的中國，西方的如廁習慣顯得「自然」得多。歐洲人過去曾用雪、羊毛、陶片、苔蘚、石頭、布料和果皮等各種材料來擦拭屁股，作為上完廁所後的清潔工具；而古羅馬人的公共廁所遺址還出土過「醋水泡過的海綿」，考古學家推測這可能是清潔廁所或是用來擦屁股的工具，用完還能重複使用。雖然讓人覺得有點不可思議，但是也證明了即便在古代，清潔也已經是人們

生活中的重要環節。

　隨著歷史的發展，真正接近我們現在使用的衛生紙，要等到1857年。當時，紐約商人發明了第一款商品化衛生紙，開啓了衛生紙商業化的時代。然而，真正讓衛生紙成為日常消耗品的轉折點，出現在1880年代。美國的史谷脫兄弟（Scott Brothers）創立了史谷脫紙業公司（Scott Paper Company），他們將衛生紙製作成了我們現在熟悉的一捲一捲的模樣，並投入市場大量販售。到了20世紀初，衛生紙逐漸風靡全球，成為了日常生活中的必需品，徹底改變了我們的生活與如廁文化。

這幅1792年的法國大革命諷刺漫畫，描繪民眾用支持國王的公告當衛生紙，嘲諷君主專制，也反映當時人們有如廁用紙的習慣，圖片取自Wikipedia

1960年代由諾基亞（Nokia）生產的衛生紙捲，目前收藏於芬蘭的瓦普里奇基博物館中心，圖片取自Wikipedia，拍攝者：Catlemur

玉山衛生紙的誕生

可別以為臺灣的衛生紙歷史和世界的衛生紙發展完全無關。在戰後初期，臺灣的衛生紙產業曾迎來一段輝煌的黃金時期，而其中的代表便是「玉山衛生紙」，這件珍貴的歷史文物如今被珍藏在國立臺灣歷史博物館中。

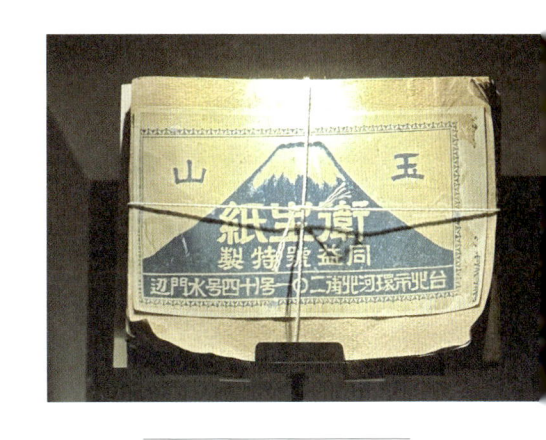

國立臺灣歷史博物館典藏的玉山衛生紙，拍攝者：郭怡汝

這款骨董級的玉山衛生紙和我們今天熟悉的白色衛生紙大不相同。外觀看起來是一疊四方形的灰褐色薄紙，質地柔軟，但肉眼可見許多黑色雜質，整疊用棉繩綑綁起來。包裝標籤上印有藍色的「山」形圖案，旁邊印著「玉山」兩個字，下方標註了「衛生紙」、「同益號特製」以及「臺北市環河北街二〇一號（十四号 水門辺）」等字樣。這座藍色的「山」形圖案，讓人聯想到臺灣的最高峰「玉山」，也因此得名。玉山衛生紙來自「同益號紙行」，由創辦人余添貴先生於1946年在臺北成立。這是一家典型的家族企業，為當時的臺灣帶來了質樸而實用的衛生紙產品。

值得一提的是，當時的玉山衛生紙並非完全是自家生產，而是採取「半成品加工」的模式。他們從南投竹山購買半成品，再到臺北的工廠進行裁切和包裝，最後投入市場銷售。正因為當時的玉山衛生紙價格親民實惠，所以也迅速地成為臺灣家庭裡的生活必需品之一。

從手工包裝到全臺銷售

根據國立臺灣歷史博物館葉前錦研究員的調查，以及同益號創辦人家族的回憶，當時創辦人余添貴帶領全家大小一同參與衛生紙的製作過程，從裁紙、分裝到運送，每個人都盡一份力。當時的製作十分繁瑣，早期甚至連用來綁衛生紙的草繩都得親手製作。直到後來塑膠工業興起，他們才開始改用塑膠袋包裝，讓效率大幅提升。

玉山衛生紙的成功不僅限於單一品牌。同益號還推出過「親親」和「夜來香」等其他品牌，但最受歡迎的始終是第一代「玉山」。在全盛時期，玉山衛生紙的銷售網絡遍及全臺，成為戰後初期臺灣最大的衛生紙中盤商。玉山衛生紙雖然看似平凡，卻在那個年代擦亮了臺灣家庭的生活。

市場競爭的殘酷

不過，這個臺灣衛生紙產業的繁榮沒能持續太久。1970年代，國際石油危機引發的通貨膨脹讓市場動盪不安。許多衛生紙廠商選擇囤貨，希望能藉此牟利。但就在這個節骨眼上，剛剛提到的美國史谷脫紙業公司進軍了臺灣，並且帶來了全新的「舒潔」品牌，徹底改變了臺灣衛生紙市場。

舒潔衛生紙主打使用原木紙漿製作，質地柔軟、潔白無瑕，還斥資大手筆拍攝商業廣告，很快就吸引了消費者的注意。不只如此，

這家外資大企業從生產到銷售全部自行包辦，壓低了成本與價格，很快地就攻占了臺灣市場。

相比之下，這使得像同益號這樣的傳統家族企業，根本無法與這種資本雄厚、規模化經營的模式競爭。最後在囤貨過剩和業績下滑的雙重壓力下，同益號最終撐不住，在1973年宣布歇業，結束了這段家族經營的輝煌歷史。

平凡生活中的不平凡小物

位於美國賓州的史谷脫紙業公司工廠，圖片取自Wikipedia，拍攝者：H.V. Smith

2011年，臺中的民俗收藏家郭双富先生捐贈給國立臺灣歷史博物館的一批生活文物，當中就包括這疊玉山衛生紙。乍看之下，它平凡無奇，但沒想到這一疊小小的玉山衛生紙，不僅見證了臺灣衛生紙的變遷，也映射出一個家族的集體記憶，更反映了市場經濟與全球化帶來的衝擊。

這些蘊含歷史的生活用品，在看似平凡之中展現了不平凡的故事。下一次當你拿起衛生紙時，也許會對這片輕薄的日常用品有全新的認識與更多的敬意。

PART 2
藝術文化背後的趣事與祕密

家有嚴母！
維納斯女神「物理教育」邱比特系列圖像

日常生活中，想必大家對小孩子調皮搗蛋，媽媽生氣教育的場景都不陌生。而這樣的畫面，不僅出現在現代的家庭裡，早在希臘與羅馬神話中就有神仙版「愛的教育」，甚至被許多藝術家當成創作題材！今天我們就來聊聊一個很特別的系列藝術作品：維納斯懲罰她的兒子邱比特。

誰都可以惹，就是別惹到老媽

讓我們先認識一下這兩位神話中的主角邱比特（Cupid）和維納斯（Venus）。邱比特是羅馬神話中的小愛神，而在希臘神話中，他的名字是厄洛斯（Eros）。雖然名字不同，但都是指愛神，負責掌管愛情和欲望。

這位有翅膀的小愛神總愛帶著他的兩支弓箭四處搞怪，金箭能

畫作中描繪了邱比特將金箭射向阿波羅的場景，圖片取自Wikipedia，來源：普拉多博物館

讓人墜入愛河，鉛箭則會讓人反目成仇。偏偏這位小愛神總是喜歡亂射箭，還不看自己在射誰，簡直就是個調皮搗蛋的專家。因為這樣，他闖了不少禍，最有名的就是射中太陽神阿波羅，結果讓他愛上了不愛他的達芙妮，導致了達芙妮最後變成月桂樹，淪為一場愛情悲劇。

而邱比特愛惡作劇的個性，讓他的媽媽維納斯——也就是羅馬神話中代表愛情、美麗與生育的女神——非常頭痛。維納斯在希臘神話中的名字稱為阿芙蘿黛蒂（Aphrodite），身為邱比特的媽媽，維納斯有時會被描繪成母親的角色，負責責罰或引導邱比特，像是當

維納斯看著自己的兒子到處製造他人感情糾紛，甚至還搞砸了不少神仙之間的關係時，即使是女神也會忍無可忍，不得不好好「物理教育」一下她不聽話的兒子。

神話中的親子教育

這樣的親子教育場景，當然也就成了不少藝術家的靈感來源。其中一幅非常著名的作品便是荷蘭藝術家揚・范・比勒特（Jan van Bijlert）所創作的〈維納斯懲罰邱比特〉（Venus Chastising Cupid）。這幅畫作描繪了女神維納斯一隻手揪住邱比特的頭髮，一隻手準備用木條教訓這個不聽話的小愛神，後面還有一個嚇到逃跑

荷蘭藝術家揚・范・比勒特描繪的〈維納斯懲罰邱比特〉，圖片取自Wikipedia，來源：休士頓美術館

描繪維納斯拿鞋子打邱比特屁股的畫作，圖片取自Wikipedia

的小天使。看到這幅畫，很多人可能會忍不住偷笑，因為這個場景實在太熟悉了，讓人聯想到自家媽媽或阿嬤生氣的時候，手上總是會出現一些家裡常見或隨手可得的物品，像是衣架或雞毛撢子，作為臨時的教育工具。

不過，這樣心有戚戚焉的場景可不是藝術家比勒特獨創的，早在古希臘羅馬時代就有類似的畫面，就像龐貝古城就曾出土過一座雕像，栩栩如生地刻畫了阿芙蘿黛蒂一邊脫下涼鞋，一邊捉住她的兒子厄洛斯準備展示她涼鞋的鞋底，兼教訓一下小孩的動作。不得不說從古希臘到現代，這個畫面也算是經典的親子場景之一了，或許是想告訴我們：誰都可以惹，就是千萬別惹到老媽，否則下場可能會很慘。

愛不只有甜蜜，也有規範

　　為什麼這樣的親子場景會出現在藝術作品或文物當中呢？其實在古希臘羅馬的神話故事裡，神仙們的生活和人類非常相似，他們有著各種人類的情感，包含喜怒哀樂，甚至面對相似的家庭問題與日常挑戰。維納斯與邱比特這對母子，正是人類世界中「母親教育孩子」的神仙版本。藝術家們透過這樣的創作，不僅展現了神話故事中的親情，也傳達了一種道德上的寓意──不聽話的調皮小孩終究會被媽媽教訓，無論你是不是神仙。

　　除此之外，這類題材的畫作或圖像，可能也反映了當時的社會價值觀。雖然維納斯與邱比特的形象來自神話，但它們常被用作教育觀眾的工具，像是提醒欲望需要受到控制，愛情不應該被任性或盲目地對待等。這樣的畫作在注重道德和行為規範的上層階級或貴族家庭裡展示時，有助於發揮傳遞道德教化或提醒的功用。

維納斯打邱比特的屁股，時常成為畫家筆下的題材，圖片取自Wikipedia

Son facili di sdegno i fieri colpi,
Onde sen duole Amor, ma s'ei t'assalle,
Fien ferite di ma' piaghe di strale.

1. 維納斯教訓邱比特的青銅雕塑，圖片取自Wikipedia，來源：美國國家美術館，藝術家：Andrea Briosco

2. 龐貝古城出土的一座雕像，刻畫了維納斯正準備脫下涼鞋教訓邱比特，圖片取自Wikipedia，拍攝者：Yair-haklai

3. 17世紀維納斯懲罰邱比特的圖像，圖片取自Wikipedia，來源：荷蘭國家博物館

不過維納斯懲罰邱比特的形象也不只是展現親子關係，還展現了愛與教育之間的衝突與和諧。邱比特作為愛神，常常無視規範，胡亂用弓箭製造感情風波；而維納斯作為母親，她也代表了一種秩序和約束，需要適時地管教和修理這個不聽話的小鬼，讓他明白愛情並不是可以隨便亂來的東西。

邱比特不是唯一被涼鞋教訓的對象

有趣的是，「涼鞋懲罰」的場景可以在不少古希臘羅馬的文物上看到，換句話說，涼鞋不只經常以一種服飾配件出現，它也能作為一種懲罰工具的形式，可以說是超越時空而且國際通用。不過涼鞋懲罰可不只有出現在邱比特／厄洛斯身上，阿芙蘿黛蒂也曾用涼鞋對付過半人半羊的牧神潘（Pan）。希臘雅典國家考古博物館（National Archaeological Museum of Athens）就收藏了一座刻畫這樣場景的雕塑，阿芙蘿黛蒂拿著涼鞋準備擊退好色且正在騷擾她的

阿芙蘿黛蒂也曾用涼鞋對付過半人半羊又好色的牧神潘，圖片取自Wikipedia，拍攝者：Tilemahos Efthimiadis

牧神潘，而小厄洛斯則在一旁拉住潘的羊角要幫忙自己的媽媽，整個雕塑看起來不僅生動逼真，同時也充滿趣味，讓我們感受到古代涼鞋作為日常配件和懲罰工具的雙重用途與幽默感。

跨世紀的共鳴

說到這裡，我們可以知道「維納斯／阿芙蘿黛蒂懲罰邱比特／厄洛斯」的圖像之所以對現代的觀眾具有一定的吸引力，並不是因為它們來自古老的神話，而是因為它們的故事內容和畫面所傳達的情感都非常貼近我們的日常生活。無論是古代的母親，還是現代的媽媽，面對調皮的小孩，都可能曾有忍無可忍的時刻。而這些圖像透過神話的形式，讓我們看到了一個熟悉的情境：愛和規範之間的平衡，同時愛是一種需要學習和守護的東西。

之後如果有機會看到類似的藝術作品或文物時，可別忘了這些調皮的小神仙和他們那位有著無限耐心又不得不「動手」的媽媽。不僅讓我們會心一笑，也讓我們對愛有更多的理解與思考。

畫布上的屍體：
由木乃伊製作的顏料

想像一下，你站在博物館展示的一幅歐洲古典畫作前，欣賞那溫潤的棕色色調，心中讚嘆著藝術家巧妙的筆觸與色彩的運用。沒想到下一秒，解說人員告訴你，這幅畫作上的棕色並不是普通棕色，而是把木乃伊磨成粉，然後做成繪畫顏料的棕色。這聽起來像恐怖電影裡才會出現的情節，可不是虛構的故事，而是歐洲藝術史上一段真實的過去，甚至這種棕色還有一個會讓人倒抽一口氣的名字——「木乃伊棕色」。

是藥也是顏料的木乃伊粉末

木乃伊粉末，不是一開始就被當作顏料使用，而是作為一種可以食用的藥物。雖然用途聽起來也一樣嚇人，不過從中世紀

18世紀儲存木乃伊粉末的藥罐，圖片取自Wikipedia，拍攝者：Bullenwächter

開始，歐洲的醫生們就認為古埃及木乃伊中的瀝青具有治病療效，能夠緩解各種病痛，例如牙痛、癲癇等，加上商人的宣傳和歐洲人的想像，木乃伊粉末的效用也被誇大，讓人們相信這些粉末擁有某種神奇的治療力量，這使得木乃伊粉末在歐洲的藥房裡十分常見。

隨著醫學知識的進步，人們對木乃伊的藥用需求逐漸減少，木乃伊粉末的用途開始從醫療轉向了藝術。自中世紀開始，賣藥的藥商跟藥劑店就是藝術家取得顏料的主要來源之一，因為當時許多顏料和藥品的天然原料大多很類似，不外乎是礦物、動植物和其萃取物。舉例來說，礦物的硃砂可以作為紅色顏料使用，過去也被認為服用後有安神定魄的功效（臺灣現在已禁止硃砂入藥），所以可以當作藥材和顏料使用，木乃伊粉末也是類似的例子。儘管在16世紀之前，很難區分木乃伊粉到底是被用來當藥品還是繪畫顏料。不過可以確定的是，到了16世紀，木乃伊粉被明確記載為一種藝術家會使用的顏色，稱為「木乃伊棕色」，或委婉一點的說法「埃及棕色」。

埃及熱潮下的藝術家新寵

雖然木乃伊顏料的製作過程聽起來讓人很不舒服，也就是把古埃及木乃伊的遺骸磨碎，再混合像是白色樹脂和沒藥（一種防腐香料）等材料，調配出一種獨特的棕色顏料。不過，由於這種顏色呈現出一種暖紅或深棕的色澤，又帶有微微的透明感，適合用來描繪細膩的陰影和逼真的膚色，這也讓當時許多偏愛自然色調和真實肌理表現的藝

術家們為之著迷,讓「木乃伊棕色」一度在歐洲的顏料市場上受到歡迎和喜愛。

不只如此,木乃伊棕色之所以能成為藝術家們的新寵,還有一個很實際的原因,那就是它的價格相對便宜,許多畫家都買得起。由於顏料、藥品和私人收藏對木乃伊的大量需求,使得許多的木乃伊從埃及運到了歐洲。再加上18世紀末,拿破崙遠征埃及後,帶回大量埃及文物和研究成果,讓歐洲掀起一股對埃及文化的迷戀,也連帶讓含有埃及「異國風情」的東西都受到追捧,木乃伊顏料因此變得更受歡迎,在歐洲的藝術家間流行開來。

許多著名畫家,包括法國的德拉克洛瓦(Eugène Delacroix)和英國的愛德華・伯恩-瓊斯(Edward Burne-Jones),據說都曾使用過木乃伊棕色來繪製畫作。不過,當時的歐洲藝術家們對這種顏料的來源多半一

放在小棺材裡的「木乃伊棕色」顏料,圖片取自Wikipedia,拍攝者:Geni

博物館中展示的一具成年男性木乃伊,圖片取自Wikipedia,拍攝者:Daderot

知半解。所以，據說當知名畫家伯恩－瓊斯在得知自己的木乃伊棕色是由法老的木乃伊做的之後，他感到極為震驚，悲傷地為自己僅存的木乃伊棕色顏料舉行了象徵性的葬禮，並且將它埋在自家花園裡，來表達對古代亡者的敬意。

從風靡一時到逐漸退場

隨著考古學的興起和對人類遺骸尊重意識的提高，人們對使用木乃伊製成的顏料開始產生了道德上的顧慮與反感。加上這種顏料的成分不穩定，容易褪色和出現裂痕，甚至對其他顏色造成不良影響，同時木乃伊的供應日益短缺，木乃伊棕色的熱潮逐漸退燒。

只是最後一管用真正木乃伊製作的「木乃伊棕色」顏料並不是什麼很久以前的事，而是1964年，倫敦顏料商C. Roberson & Co.因為沒有木乃伊可以用了，才宣布不再生產木乃伊棕色。這間顏料公司的一位員工曾經回憶說，他在1980年晚期的時候，還曾在店裡看到一些零散

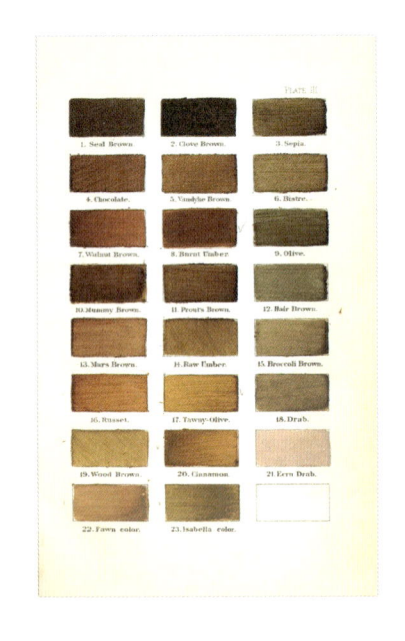

編號10的木乃伊棕色和其他的棕色一起放在目錄上，圖片取自Wikipedia，作者Ridgway, Robert

的木乃伊肢體在角落，除了顯示了這種顏料曾經被廣泛使用之外，也說明了對古埃及木乃伊人類遺骸的重視是相對近期才開始的。

哪些畫裡用了這種神祕顏料？

儘管不少知道這段木乃伊顏料歷史的人，都曾經想過要找出哪些畫作中有使用過木乃伊棕色，不過這可不是件容易的任務。雖然可以根據顏色的特性和時間推測，知道一些18、19世紀的作品可能使用了木乃伊棕色，例如：德拉克洛瓦的〈自由引導人民〉以及馬丁・德羅林的〈廚房內景〉，都呈現出和木乃伊棕色的效果很相似的棕色調。

德拉克洛瓦的〈自由引導人民〉，圖片取自Wikipedia，來源：羅浮宮

馬丁・德羅林所繪的〈廚房內景〉，圖片取自Wikipedia，來源：羅浮宮

不過由於木乃伊棕色的成分很不穩定，它的配方也因為不同年代和供應商而有所差異，有些使用了整具木乃伊，有些只使用骨頭或肌肉。此外，考量木乃伊在防腐過程中也使用了不同的材料，如樹脂、植物油，成分上與許多其他顏料相似，這也大大增加了判斷是否使用木乃伊棕色的難度。

最重要的是，如果要透過科學檢測的方式來精確分析顏料成分，通常需要從畫作上取下微量的顏料樣本來進行化學分析，但是這往往會損害到畫作本身。對於古老而珍貴的作品來說，博物館大多會對這類型的檢測保持謹慎和盡量避免。所以，即使許多畫作看起來像使用了木乃伊棕色，但大多只能根據顏色、年代和相關歷史資料來推測，無法百分之百的確認。

不用真的木乃伊也能重現歷史色彩

到了今天，「木乃伊棕色」已經不再需要使用到真正的木乃伊了，而是改用其他更安全和穩定的材料調配而成，不僅擁有一樣的色彩效果，而且價格也更加便宜，最重要的是完全不含任何木乃伊成分，或許木乃伊們終於能夠安息了吧！

現在，我們可以放心地欣賞那些使用現代配方的「木乃伊棕色」所繪製而成的藝術作品，而不用再擔心可能會在畫布上看到來自古埃及朋友的身影了。

擁有粉絲專屬信箱：
羅浮宮名畫〈蒙娜麗莎〉

如果能問魔鏡，誰是世界上最有名的畫作，它肯定會告訴你──〈蒙娜麗莎〉。無論你對藝術多不熟悉，肯定都聽過她的名字，她不僅是法國羅浮宮的鎮館之寶，每年吸引世界各地的遊客到此一遊，只為了親眼見上她一面，同時她也是歷史上最神祕和有魅力的畫作之一。這位微笑的女子到底是誰？又是如何登上全球第一名畫的寶座，網羅天下的粉絲，而且竟然還有一個自己的專用信箱？

羅浮宮名畫〈蒙娜麗莎〉，
圖片取自Wikipedia，來源：
羅浮宮

你好，麗莎夫人

　　〈蒙娜麗莎〉是文藝復興時期的義大利天才李奧納多・達文西（Leonardo da Vinci）所畫的傑作。多才多藝的達文西不僅是位畫家，同時也是科學家、工程師、建築師，他很多發明和作品直到今天都還讓現代的我們感到讚嘆不已。達文西從1503年開始創作〈蒙娜麗莎〉這幅畫，前前後後花了大約16年的時間。據說，一直到去世前，他都還在修改這幅畫作，可見他對這幅作品的執著和喜愛。

　　聽到這裡可能有些人很好奇，心想莫非蒙娜麗莎是什麼絕世大美女嗎？居然會讓達文西如此著迷。不過，當大家第一眼看到這幅作品時，通常會很驚訝它的尺寸，高度大約只有79公分，寬度53公分，比三張並排的A4紙還小。此外，畫中的女主角沒有眉毛，看起來還有點豐腴，感覺非常神祕。

　　所以她是誰？我們可以從畫作的名字找到一點線索。這幅畫的名字「Mona Lisa」，「Mona」其實是義大利文「Madonna」的縮寫，也就是「夫人」的意思。換句話說，這幅畫應該稱為「麗莎夫人」。正因為如此，許多學者認為她應該是佛羅倫斯商人弗朗西斯科・德爾・喬孔多（Francesco del Giocondo）的妻子麗莎・喬孔多（Lisa del Giocondo）。這個說法最早由藝術史學家瓦薩里（Giorgio Vasari）提出，他曾在書中提到達文西接受了這位商人的委託，要幫他的妻子畫

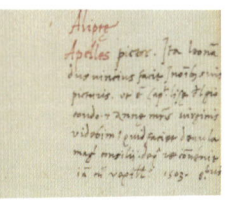

德國海德堡大學收藏的一本書中提到，1503年達文西正在繪製的麗莎・格拉爾迪尼的肖像畫，圖片取自Wikipedia，作者：Agostino Vespucci

肖像畫。只是如果是因為工作做的畫，為什麼達文西到死前都還很寶貝這件作品，沒有把它交出去呢？有人說是因為達文西個性追求完美，不斷修改畫作，導致最後沒有完成。也有人說達文西晚年的時候可能有中風，影響了他畫畫的能力，所以沒有畫完。還有人說達文西把〈蒙娜麗莎〉當作自己探索藝術的實驗品，因此他持續在這件作品上研究和嘗試不同的技法，這件作品也就一直留在他的身邊。無論是哪種說法，可以知道的是〈蒙娜麗莎〉對達文西來說有著重要的地位。

神祕的微笑與「看著你」的眼神

不過，不同於達文西，對大部分的人來說，〈蒙娜麗莎〉最有魅力的地方，莫過於她那一抹神祕的微笑，還有那雙彷彿一直盯著觀賞者看的眼神！

對於繪畫技巧已經非常高超的達文西而言，他認為好的作品不僅僅是要畫得像，還要能感受到畫中人物的生命力和情感。為了達到這個目標，他使用了一種叫做「暈塗法」（sfumato）的技法。暈塗法是一種透過一層層疊加顏料，讓輪廓線條變得不明顯，也讓顏色和光影看起來更加自然與柔和的藝術創作方法，可以營造出一種朦朧感。

達文西特別把這種技法使用在蒙娜麗莎的嘴角和眼角，這不只讓她看起來更加真實之外，也讓她的微笑在不同的角度和光線下，看起來感覺不同，有了「世界上最神祕的微笑」之稱。同時，蒙娜麗

莎的眼神也因此變得生動，似乎不管從哪個角度看，她的眼神都會盯著自己，也讓許多到羅浮宮朝聖〈蒙娜麗莎〉的人，都會在畫前嘗試用不同的角度欣賞作品，來體驗看看蒙娜麗莎是不是真的一直在盯自己喔！

從義大利到法國的〈蒙娜麗莎〉

20世紀初〈蒙娜麗莎〉懸掛在羅浮宮展廳的樣子，圖片取自Wikipedia，拍攝者：Louis Béroud

認識完了〈蒙娜麗莎〉本人，那這畫作是怎麼從義大利跑到法國的呢？不少人認為，因為達文西跟同樣也是文藝復興三傑之一的米開朗基羅（Michelangelo）存在著競爭關係，就是不合的意思啦，所以他選擇離開義大利。

不過，說實話再怎麼樣看不順眼一個人，頂多就是搬家，哪有需要直接搬到別的國家去住呢？所以，更主要的原因其實是有金主的邀約。16世紀時，對藝術情有獨鍾，讓羅浮宮從一座武裝堡壘變成了裝滿藝術品城堡的法國國王法蘭索瓦一世（Francis I），由於他非常欣賞達文西，因此特別祭出了重金挖角。他保證會讓達文西晚年能夠在舒適又備受禮遇的環境下好好創作和生活，於是達文西就搬到了法國。

法蘭索瓦一世甚至在宮廷中直接稱呼達文西為「我的父親」，正因為國王對達文西的好和敬重有目共睹，也因此出現了達文西是在國王懷中安詳去世的傳說。而國王與達文西的親密關係，也讓國王最後得以從繼承達文西作品的徒弟手中買下〈蒙娜麗莎〉，讓這件作品合法地留在法國。

　　值得一提的是，不只有國王法蘭索瓦一世喜歡〈蒙娜麗莎〉，就連歷史上最偉大的法國軍事家之一拿破崙（Napoléon Bonaparte）也對她十分著迷，還曾經把〈蒙娜麗莎〉改掛在臥室裡，好讓自己每天起床睡覺時都可以看到她。

因為世紀竊盜案才真正出名

　　但是以上這些身世都還不是〈蒙娜麗莎〉真正出名的原因，她之所以有名是因為她曾經被偷。正所謂好事不出門，壞事傳千里，1911年的某一天，〈蒙娜麗莎〉從羅浮宮裡神祕消失，這不只震驚了法國，消息更傳遍了全世界，登上了許多報章雜誌的頭條。一時讓羅浮宮和法國政府顏面盡失，整個法國都在找蒙娜麗莎，就連當時住在法國的西班牙藝術大師畢卡

1911年〈蒙娜麗莎〉被偷之後留下的空位，圖片取自Wikipedia

索（Pablo Ruiz Picasso）都曾一度被懷疑是嫌疑犯。

就這樣〈蒙娜麗莎〉整整消失了兩年，直到1913年，有個人聯繫了一位義大利的藝術商人，表示自己要賣〈蒙娜麗莎〉，畫作是他從法國偷來的，希望將〈蒙娜麗莎〉還給義大利。這位藝術商人聽了半信半疑，還帶了義大利烏菲茲美術館的館長前去一探究竟，沒想到到了現場一看不得了，還真的是〈蒙娜麗莎〉的真跡，這名竊賊很快地就被抓了起來。

原來他叫佩魯賈（Vincenzo Peruggia），過去是一名在羅浮宮裡工作的義大利工人，他說他偷畫的原因是基於愛國心，想讓這件作品「物歸原主」回到義大利。這個充滿戲劇性的說法和情節，以及畫作找回來的消息馬上就轟動了全球，讓〈蒙娜麗莎〉聲名大噪。雖然最後小偷因為愛國言論，只被關了八個月就重獲自由，不過至少〈蒙娜麗莎〉順利回到了羅浮宮，並且成為了全球公認的藝術象徵。

但是，只能說人紅是非多。除了盜竊事件，〈蒙娜麗莎〉後來還經歷了多次危機，包含在第二次世界大戰期間，為了防止落入德國納粹領導人希特勒的手中，這幅畫曾被藏到機密的安全地點。此外，還曾遭受到多次攻擊，變成抗議人士的

1913年烏菲茲美術館館長檢查了〈蒙娜麗莎〉，確認是真跡，圖片來源Wikipedia

1914年的報紙大篇幅報導〈蒙娜麗莎〉回來了，圖片來源Wikipedia

目標,讓羅浮宮不得不加裝防彈玻璃來保護〈蒙娜麗莎〉。這些行為都讓她不斷登上媒體版面,名氣越來越大,變成了人人皆知的藝術名畫。

愛慕者多到設有專屬信箱

隨著越來越多人認識〈蒙娜麗莎〉,也讓她有了許多愛慕者與粉絲。根據羅浮宮的說法,從19世紀開始,就有不少人會給〈蒙娜麗莎〉寫情書、送上小禮物和鮮花,讓羅浮宮的館員收禮物和情書收到手軟。因此羅浮宮乾脆就在展廳裡設置了一個〈蒙娜麗莎〉的專屬信箱,專門用來給粉絲們投遞送給蒙娜麗莎的情書和禮物。

而為了能服務世界各地的粉絲,貼心的羅浮宮還特別為〈蒙娜麗莎〉開設了專屬的收件地址。如今,你不再需要親自前往羅浮宮,也能寄送你對〈蒙娜麗莎〉的愛慕之情。或許在看完了這些內容後,你也可以寫信給〈蒙娜麗莎〉,向她表達你對她的景仰喔!

羅浮宮〈蒙娜麗莎〉專屬收件地址:

Musée du Louvre,
Service des publics,
A l'attention de Mona Lisa,
75058 Paris Cedex 01,
France

每天有成千上萬的遊客前往羅浮宮欣賞〈蒙娜麗莎〉。
Photo by Calvin Craig on Unsplash

超級貓奴！歌川國芳讓貓主子化身為浮世繪主角

　　如果你以為愛貓愛到養兩三隻就是極限，那麼歌川國芳（1798-1861年）這位浮世繪大師可能會讓你感到甘拜下風。他不僅畫畫要抱著貓，就連家裡也養了多達十幾隻的貓，甚至還要求弟子們要練習畫貓，簡直就是浮世繪界的超級貓奴。現在一起來認識這位愛貓成痴的大師，還有他筆下那些可愛又搞笑的貓咪吧！

貓奴的巔峰！國芳的愛貓日常

　　歌川國芳出生在江戶時代，他的父親經營了一家絲綢染坊，家境為普通的商人階層，算不上特別顯赫。不過，在國芳一邊幫父親打理生意的同時，他開始對繪畫產生了興趣。據說他12歲時，因為繪製了一幅〈鍾馗提劍圖〉，被浮世繪大師歌川豐國相中，從此走上了繪畫之路。然而，他的成名之路並不順遂，年輕時，他的作品沒

能在市場上引起太多關注，導致他的收入有限、生活拮据，就連榻榻米都得靠自己修補來省錢度日。

不過，或許就是在這樣的困境中，反而沒有讓國芳喪失熱情，還激發了他對生活中美好事物的珍視。特別是對貓的愛，簡直到了不可思議的程度。家裡時常養著五六隻貓，多的時候甚至超過十幾隻。畫畫時，他總喜歡把小貓放進懷裡，邊畫畫邊跟牠們說話，平常也會讓貓咪們陪伴在工作室內，完全是個徹頭徹尾的貓奴！

相傳如果有貓咪不小心走丟，國芳會動員整個畫室的弟子去找，不找到不罷休。而當愛貓過世時，他甚至會幫牠們立牌位、建佛壇，認真地超度牠們。這麼愛貓，就連現代的貓奴都要直呼：「國芳老師，您真的是愛貓人的典範啊！」

歌川國芳的自畫像，畫面中繪有許多貓咪，圖片取自Wikipedia

讓貓咪從可愛配角變成絕對主角

但你以為國芳只是愛貓嗎？不，他還用實際行動把這份愛注入畫布，將貓咪題材推向了浮世繪藝術的高峰。他不只把貓畫得好玩又有趣，還推動了貓文化在浮世繪中的流行！〈貓之東海道五十三

次〉是他最著名的貓畫之一,這幅三聯畫裡超過55隻貓,對應了東海道上的55個地名。每隻貓都有自己的特色,有的在偷魚,有的在抓癢,甚至還有貓咪打盹的模樣,看了讓人忍不住會心一笑。這些細膩的描繪,都展現了國芳對貓咪的觀察力十分驚人。

歌川國芳繪製的〈貓之東海道五十三次〉,圖片取自Wikipedia

另一幅代表性的作品是〈猫の当字〉，他巧妙地用貓的姿態和形象來象徵日語的假名，並且將這些假名對應到不同的魚類名稱，像是「章魚」（たこ）、「河豚」（ふぐ）之類的，既俏皮又活潑，把貓玩出新高度。從這裡可以看出國芳筆下的貓，不僅僅是可愛的配角，有時還是畫作的主角。

歌川國芳〈猫の当字〉，裡面的貓咪排出了日文的「鯰魚（なまず）」，圖片取自Wikipedia

〈たとえ尽の内〉裡的經典場景之一，圖片取自Wikipedia

在浮世繪裡用貓說故事

其實，國芳對貓的描繪，不只是單純的可愛或搞笑。他常常以貓為載體來形象化日常生活中的幽默和智慧，例如，他的〈たとえ尽の内〉就用貓的形象，巧妙地演繹了各種日文的慣用語和比喻，將抽象的語言轉化成生動的畫面，就連不懂日文的人都能感受到其中的樂趣。

以〈たとえ尽の内〉裡的兩隻貓為例，背向觀眾、裝得乖乖的貓咪，是用來形容在外人面前裝乖、假裝溫順，以博取他人好感或掩蓋內心想法等表裡不一的人。另外，畫裡有隻貓咪的面前有一枚金幣，但牠一臉無感，因為牠根本不懂金幣的價值。這是在表達珍貴的東西給不懂的人時，根本是浪費，就類似對牛彈琴的意思。

看到這些畫，還真的會忍不住想，國芳是不是把貓的各種小表情和動作觀察得太透澈了？而且誰說日常慣用語或諺語只能用文字表達，有了歌川國芳的畫，就連貓咪都能來說道理！

用貓挑戰審查的反骨精神

1841年至1843年，日本實施了名為「天保改革」的政策。簡單來說，就是政府為了抑制過度消費和提倡節儉，對民間的娛樂活動和文化創作進行了很多的限制。舉例來說，浮世繪的著色次數被限制在7或8次，販售價格也規定不可以太高。此外，不准再畫歌舞伎或藝妓

這些「華麗的題材」，以免大家花太多錢在奢靡的娛樂活動上。這項政策對於當時的浮世繪畫師來說，無疑是個大打擊，尤其歌舞伎、藝妓通常是最受歡迎和最賣座的作品題材。但歌川國芳不僅沒有被打倒，反而用貓的形象作為替代，巧妙地繞過了審查制度。

他和同樣愛貓的戲作者山東京山合作，創作了〈流行貓の戲〉，這是一套將貓咪擬人化來模仿歌舞伎演員動作和場景的浮世繪作品。畫中身穿華麗和服的貓咪，牠身上的和服圖案和小道具都融入了與貓有關的元素，像是魚骨、老鼠、甚至貓掌印等，不僅讓畫面充滿趣味，也反映了當時江戶時代社會的生活百態，以及重新詮釋了盛行的歌舞伎文化。這種有創意的表現方式，讓他大部分的作品不僅不違規，反而還變得更受歡迎，吸引了許多觀眾。

愛貓愛到斷絕師徒關係

不只如此，國芳對貓的愛，據說也成為了他對弟子的「考核標準」。據說有次有位弟子因為懶得幫死去的貓舉辦佛事，隨便處理了貓的遺體，還拿著國芳給的供養錢去吃喝玩樂。這件事讓國芳非常憤怒，氣得直接把對方逐出了師門，雖然無法完全確定這故事是不是真的，但從他對貓的深厚感情來看，可以知道國芳對貓咪，是大家公認的真愛啊！

當然，國芳的愛貓不只體現在生活裡，還深深影響他弟子們的創作，一些弟子跟著他一起學畫貓。此外，他還對願意學畫貓的弟子傾囊相授，給予特別指導。他的門下弟子像月岡芳年、歌川芳藤

等，不僅繼承了國芳的創意，還把貓咪的題材發揮得更加精采。比如月岡芳年的〈貓鼠合戰〉，畫中生動地描繪了貓咪和老鼠擬人化後大對決的場面，畫風既幽默又有張力。這些作品不僅延續了歌川國芳的風格，也讓「貓咪浮世繪」的精髓被更加發揚光大。

歌川國芳浮世繪裡的貓世界

歌川國芳筆下的貓，不僅是他對日常生活的細膩觀察，也是他對藝術與自由的追求。透過這些充滿創意的畫作，我們看到的不僅僅是可愛的喵星人，更是江戶時代的庶民文化與社會百態。

下次如果有機會欣賞歌川國芳的貓咪浮世繪，不妨花點時間好好感受那些活潑又搞笑的貓咪們，說不定你也會被這些喵星人的魅力徹底征服。歌川國芳對貓皇們的愛也讓我們深刻體悟到了——人生有貓，一切都不難！

歌川國芳筆下的貓咪常常被擬人化來表達社會百態，圖片取自Wikipedia

是惡趣味還是品味差？
畫裡那隻名叫「戰利品」的小狗

　　如果我告訴你，隔壁鄰居的狗狗名字叫做「搶來的」，你會不會很驚訝？你可能很難想像，英國皇室還真的有一隻狗，名字就跟「搶來的」差不多，牠叫做「戰利品」（Looty或Lootie）。更令人驚訝的是，牠真的是被搶來的！這隻小狗背後的故事，不僅充滿了戲劇性，還曾掀起了一股英國人風靡東方的熱潮。

鴉片戰爭裡的「小戰利品」

　　時間倒回到1860年的中國，那時正是第二次鴉片戰爭期間。當時，英國和法國的軍隊一起打進了北京，他們燒毀並洗劫了著名的圓明園。圓明園本來是一片象徵中國盛世之美的宏大園林，裡頭有宮殿、花園、池塘，甚至有孔雀在草地上散步。然而，這座號稱「萬園之園」的皇家園林最後還是逃不過英法聯軍的強取豪奪，變成了一片廢墟。英法聯軍在這場大規模的掠奪中，幾乎把所有能帶走的東西都搶走了——珠寶、藝術品、文物，甚至還包括……小狗！

英法聯軍洗劫後的圓明園受到了嚴重的破壞，圖片取自Wikipedia，作者：Windmemories

　　一位名叫約翰・哈特・鄧恩（John Hart Dunne）的英國軍官在圓明園的廢墟中發現了幾隻嬌小可愛的北京犬。據說北京犬過去被當作中國宮廷的「袖犬」，專門讓貴族抱在懷裡或袖子裡把玩，還因為長得像小獅子，因此也稱為獅子犬。牠們嬌小的體型和美麗又獨特的外觀，很快就成了英國人眼中珍貴稀有的寶物。這位軍官曾在他的日記裡這樣說，「我在圓明園的廢墟裡發現了這些小狗，牠們的脖子上掛著銀色的鈴鐺，模樣嬌小可愛。人們都說，這是前所未見的完美小狗」。軍官當下就挑選了其中一隻他覺得最可愛的小狗，當作「小戰利品」之一，並且決定帶牠回英國，親自獻給維多利亞女王。他還特別讓這隻狗睡在自己的軍帽裡，以便就近看管和妥善照顧，可見他對這隻狗有多麼的重視。

北京犬也被稱為獅子犬，圖片取自Wikipedia

從圓明園到溫莎城堡

這隻北京犬被帶回英國後,很快就住進了城堡裡,成了維多利亞女王「皇家狗狗家族」的成員之一。女王對牠的來歷很感興趣,還特地幫牠取了個名字叫做「Looty」,翻成中文就是「戰利品」的意思。這個名字毫不掩飾地在告訴大家,這隻狗不是從哪裡買來的,而是大英帝國的戰爭成果。

當時的人或許覺得這名字很幽默,也覺得大英帝國的「戰利品」很常見,聽到大概都會笑笑的帶過;但現在的我們來看,不僅可能覺得這種幫寵物取名字的品味有點差,還讓我們感受到當時英國對外國文化的強烈占有欲。對英國來說,這隻狗不只是一隻可愛的寵物,更像

1865年,為Looty拍下的照片,圖片取自Wikipedia,拍攝者:William Bambridge

是一件收藏品、一個象徵——象徵著英國在亞洲的勝利和掠奪。

成為英國上流社會的東方寶藏

隨著北京犬Looty的出現，英國上流社會掀起了一股養北京犬的熱潮。貴婦們爭相飼養這種來自「神祕東方」的小狗，還成立了品種俱樂部，舉辦花園派對，讓這些狗成為展示貴族品味的「活名片」。更有趣的是，坊間還流傳著一些關於北京犬的傳言，例如牠們害怕打雷，是因為牠們記得在東方曾經經歷過颱風的驚嚇。雖然聽起來有點滑稽，但這些故事也反映了英國人對東方文化的迷戀與想像。

對英國上流社會來說，北京犬不僅是一種舶來品，更是對古老中國的一種浪漫懷念，滿足了他們對異國文化的渴望。而作為這股熱潮的開端，Looty也理所當然地成為了帝國收藏的一部分。女王甚至委託畫家為牠繪製肖像畫，這幅畫也成了這段歷史和這隻小狗在英國生活的重要鐵證。

名叫「Looty」的北京犬肖像畫，圖片取自Wikipedia，來源：Royal Lollection

到了英國，文化衝突才剛開始

不過，對於Looty本狗來說，雖然牠成了英國皇室成員，住進了華麗的城堡，但牠的日子並不像以前在中國宮廷時那麼如意。

把牠帶回英國的軍官曾對女王說，「這隻狗很挑食，牠習慣吃白飯和雞肉」，顯然這兩種食物是當時中國皇宮裡常見的狗糧。不過，英國人明顯對這些食物毫無概念。負責照顧皇室寵物的人員按照當地的慣例給了Looty牛肉和內臟類的食物，這讓Looty難以適應，甚至一度絕食抗議。畢竟這些在英國常見的狗糧，對Looty來說根本不算是「能吃的東西」，因為在過去的中國宮廷，牛肉和內臟類的食材通常不會被拿來餵養寵物，而這樣的飲食文化衝突成了Looty生活的一部分，顯示出東西方飲食觀念的巨大差異。

此外，Looty在團體生活的「狗際關係」也遇到難題。雖然女王最初接受了這隻小狗，但其實女王並沒有太關注這位異國來的小貴族。英國皇室的其他狗也對牠的東方外表和習性感到疑惑和排斥，讓這隻小狗顯得相當孤獨。

Looty最終在1872年去世，但與其他許多英國皇室寵物不同的是，牠的墓地並未立下任何紀念墓碑，也沒有留下名字紀錄，只是默默長眠於英國城堡的某個無名角落。

名字背後的殖民幽靈與反思

　　Looty的名字和牠的象徵意義，一直到今天仍然備受批評。現代歷史學者認為，這隻小狗的存在反映了當時的殖民心態。英國在掠奪了中國的珍寶和文化資產後，將這些戰利品帶回，卻沒有絲毫反省，甚至以一種幽默的方式接受並展示出來，正如這隻名叫「戰利品」的小狗。這種命名所表現出的輕視，恰恰是當時殖民時代掠奪行為合理化的縮影，也提醒著我們反思殖民時代的種種遺產。

　　今天我們已經不再需要為了展示地位而飼養一隻來自遠方的「戰利品」小狗，但這隻小狗的故事提醒我們，歷史中人為的惡趣味或許比我們想像的要深刻許多。透過Looty，我們可以思考，當年的帝國擴張如何影響了東西方的文化交流，又如何塑造了今天的世界。希望這段歷史能讓我們在笑談之餘，也多一份對過去的深思。

維多利亞女王最喜歡的寵物們，1838年繪製，圖片取自Wikipedia，作者：Sir Edwin Landseer

毀了一幅畫卻救了一座小鎮：
西班牙的猴子基督壁畫

　　畫家一臉嚴肅的拿著畫筆，站在一幅有將近百年歷史，畫面已經斑駁不堪的耶穌畫像前思索，心中只有一個念頭：「我要救它！我要救這幅畫。」她屏氣凝神，開始在調色盤上混合顏料，這一筆下去，結果不得了⋯⋯耶穌變成了一隻猴子?!

　　這看起來像是搞笑喜劇的情節，卻在西班牙的小鎮博爾哈（Borja）真實上演，還意外讓這個不起眼的小鎮成為了全球觀光客朝聖的熱門景點，到底發生了什麼事？

一次「好心做壞事」的修復

　　2012年的夏天，西班牙東北部有一個名叫博爾哈的小鎮，這個小鎮歷史悠久，擁有許多中世紀的古老建築與教堂。

　　其中，一座教堂裡有幅名叫〈看這個人〉（Ecce Homo）的耶穌壁畫，這幅畫是1930年代一位西班牙有名的畫家為了表達他的虔誠，親自畫在教堂牆上的作品。這幅畫描繪了耶穌在受難前戴著荊

棘冠冕、眼神哀傷地望向天堂的形象，是件相當莊嚴和神聖的宗教畫作。

然而，隨著時間一久，壁畫開始出現顏料剝落、色彩暗淡的情形，這時一位當地的老奶奶，81歲的塞西莉亞‧希門尼斯（Cecilia Giménez）看了心疼不已，她決定挺身而出，親自修復這幅她熱愛的耶穌畫作。

雖然她不是專業的文物修復師，只是一名業餘畫家，不過她的動機很單純：只想讓耶穌的容貌重現昔日的光彩。

修復前的壁畫〈看這個人〉，圖片取自Wikipedia，繪者Elías García Martínez

畫風突變——耶穌變猴子

希門尼斯在沒有接受任何專業訓練的情況下，展開了她的修復工作。她用厚重的顏料將耶穌的臉重新描繪，希望能讓原本剝落的區域能重新復原。說到這裡，你可能會以為這是一個溫馨的修復故事，但當然不是這麼一回事。

在她完成第一階段的「修復工作」，離開小鎮去歡樂度假的兩

個星期中，由於她的修復半成品實在是太引人注目了！讓人越看越不對勁，越看越奇怪，因此通知了當地的歷史協會前來關心，沒想到協會的人一看後都驚呆了，立刻拍下照片，做了修復前後的對照圖，馬上發布到網路上請大家來評評理。

原來希門尼斯的半成品，不但沒有讓耶穌變得更加莊嚴，反而還把耶穌變成了一隻頭上像是戴了一圈皮草，還一臉眼神鄙視的猴子！這幅修復前後反差巨大的畫作迅速爆紅，在社群媒體上被瘋傳，原本叫〈看這個人〉（Ecce Homo）的畫作，也被網友直接改名叫做〈看這隻猴子〉（Ecce Mono）——「mono」在西班牙語裡就是指「猴子」的意思。就這樣，「猴子基督」的名聲登上了各大新聞媒體的版面。

小鎮居民從憤怒轉變為歡迎

對於這樣的結果，小鎮的居民們當然不是很高興。想想看，原本應該是神聖的耶穌畫作，現在竟然變成了全球的笑柄。鎮民群情激憤，紛紛向希門尼斯抱怨和表達不滿，讓她壓力大得不得了，甚至爆瘦17公斤。她不僅害怕自己成了破壞文物的罪人，還擔心自己把這幅畫的神聖名聲給毀了。

但隨著猴子基督的人氣扶搖直上，情況開始發生逆轉。原本因為猴子基督而覺得丟臉的博爾哈小鎮，漸漸發現這個事件為他們帶來了意想不到的好處。大量的遊客湧入這個不起眼的小鎮，只為了親眼看

希門尼斯「修復」後的壁畫成了著名的「猴子基督」，現在該圖受到版權保護，圖片取自Wikipeddia

看這個「史詩級的修復悲劇」。猴子基督意外成了小鎮的明星。

從全球笑柄到大發觀光財

根據統計，事件發生後的幾個月內，博爾哈小鎮就吸引了超過四萬五千名的遊客前來參觀這幅畫作。雖然熱潮過後，遊客數量有所下降，但每年還是有超過一萬六千名的遊客前來朝聖，比猴子基督出現前多出了四倍。相較於小鎮原本的人口才五千多人，這可是相當驚人的數字啊！

猴子基督讓小鎮的經濟鹹魚大翻身，大量的觀光財不僅讓商家們荷包賺滿滿，還創造了不少就業機會，拯救了當地人口流失和經濟下滑的困境。教堂也趁勢開始收取入場費，讓遊客來看這幅「修復後」的壁畫，還賣起了各式各樣的紀念品：從猴子基督的T恤、馬克杯、滑鼠墊、筆記本，到冰箱磁鐵等，想得到的東西幾乎都有猴子基督的圖案，這些收入幫助了當地的慈善機構和需要照顧的弱勢家庭。甚至連附近酒莊的老闆們都因為搶著要把猴子基督印在自家葡萄酒的酒標上而吵得不可開交。這些情形讓希門尼斯逐漸從最初的壓力中解脫，甚至開始接受她意外走紅的新身分。

猴子基督可說是洗刷了先前的冤屈，變成了小鎮居民的搖錢樹。一些人在接受新聞採訪時認真說「這幅畫真的很醜」，「但它讓我生意興隆，我現在甚至能再開一家分店！」這個被稱為是「有史以來最糟糕的藝術修復案例」，結果可以說是出乎所有人的意料之外。

猴子基督光環下的大和解

　　猴子基督的故事最後以大和解收場。原本希門尼斯和原畫作者的家人之間關係有些緊張,但事情也慢慢有了好的轉機。一度考慮採取法律行動要告希門尼斯毀損家族名譽的原畫家屬,看到猴子基督為這個小鎮帶來了經濟效益,還幫助了許多慈善事業,也開始慢慢釋懷,大家最終都放下了心結。

　　希門尼斯因為這個事件,從一位普通的老奶奶變成了國際知名的老奶奶,她戲劇性的故事甚至被改編成電影和音樂劇。儘管經歷了一連串的大起大落,她本人給大家的忠告卻只有一句:「修復還是交給專業的來吧,否則你可能會發現自己上了頭條!」不過,猴子基督的故事也告訴我們,當你下次遇到挫折或失敗時,不妨想想這個故事。或許,你的失敗也能變成另一種成功,無論多麼絕望的情況下,只要我們保持幽默和樂觀的態度,人生總會有意想不到的轉機。

希門尼斯的故事被改編成音樂喜劇,音樂劇作者(左)、猴子基督圖像(中)、希門尼斯(右)合照,圖片取自Wikipedia,拍攝者:Emmagstackll

愛瓷器勝過江山？
用精銳軍隊換來的
德國龍騎兵花瓶

18世紀時，歐洲上流社會對中國和日本瓷器的迷戀已經到了一個瘋狂的程度，這些青花瓷與彩瓷不僅是精緻的工藝品，更是身分、品味與炫耀財富的象徵。由於當時的歐洲還沒有真正掌握製作瓷器的技術，只能從亞洲大量進口，因此，這些來自遠東的瓷器很快就成了奢侈品市場上搶手的明星。

這種風靡瓷器的熱潮到了有「士兵國王」之稱的腓特烈·威廉一世（Friedrich Wilhelm I）手上，竟然變成了一樁巧妙的交易。這故事就

奇美博物館收藏的梅森風格瓷器座鐘，圖片取自Wikipedia，拍攝者：阿道

發生在他和綽號「強壯國王」奧古斯特二世（Friedrich August I der Starke）之間，兩人一個熱愛軍事、一個痴迷瓷器，最後促成了一場歷史上有名的「以瓷易兵」交易，這場交易也反映了當時整個歐洲對中國瓷器的極度渴求與「瓷器熱」。

患有瓷器病的國王

作為薩克森選帝侯的奧古斯特二世曾兩度擔任波蘭國王。他身材魁梧，力大無窮，據說徒手就能折斷馬蹄鐵，單手還可以打破牆壁，讓他獲得了「強力王」和「強壯國王」的稱號。但這位硬漢卻對瓷器情有獨鍾，甚至曾開玩笑說自己得了「瓷器病」。他不僅熱衷收藏中國瓷器，還建造了一座豪華的瓷器宮，專門用來展示自己收藏的大量瓷器，並且透過各種管道來擴充自己的收藏。據說他個人就收藏了超過2萬件的瓷器，是名符其實的「萬瓷王」。

不只如此，他也全力推動在自己的領地上重現中國瓷器的製造工藝，他後來創立了梅森瓷器廠（Meissen Porcelain），這是歐洲第一家成功生產像中國那樣堅固又透亮的硬質瓷器工廠，也是歐洲瓷器製造歷史的一座里程碑。

然而，在他的梅森瓷器廠能大規模生產之前，他對中國瓷器的渴望可以說是到了「走火入魔」的程度。在那個歐洲還不會製作硬質瓷器的年代，瓷器的價值就如同黃金一般，也被稱為「白色黃金」，讓中國瓷器被王宮貴族視為是高貴生活的必備奢侈品之一。

清朝景德鎮的瓷器商號，
圖片取自Wikipedia

600位龍騎兵 vs. 151件青花瓷

而18世紀的歐洲宮廷是一個緊密的社交網絡，藝術品收藏的資訊往往通過外交官、藝術品貿易商或私人書信在宮廷間流傳。因此，當奧古斯特二世得知普魯士國王腓特烈・威廉一世擁有他夢寐以求的中國瓷器後，他決定採取行動。他知道腓特烈・威廉一世很重視軍事實力，於是提出了以自己手下600名全副武裝的龍騎兵作為交換條件，來換取對方割愛151件中國瓷器。

清代的〈製瓷圖冊〉描繪了燒造瓷器的過程，圖片取自Wikipedia

先別被名字誤導，龍騎兵不是真的騎著龍的戰士，而是一種受過訓練的兵種，能夠騎馬行軍，同時也能下馬作戰。這600名全副武裝的龍騎兵在交易當天，看起來就像是要去參加盛大的軍事演習，沒想到最後竟成了國王用來換瓷器的籌碼。所以這批用龍騎兵換來的青花瓷器後來被稱為「龍騎兵花瓶」（Dragonervase）或「近衛花瓶」。

龍騎兵花瓶長什麼樣子？

這批龍騎兵花瓶為清朝康熙年間燒製的大型青花瓷瓶，出自當時中國瓷器生產的核心地區——景德鎮。這些花瓶因為它們巨大的尺寸與精美的吉祥圖樣而受到喜愛，每件花瓶高約一公尺（約104公分），瓶身上繪有蓮花、蕉葉與龍紋等中國傳統圖案，這些符號象徵著富貴、吉祥與權威。可以說，這些花瓶不僅外觀華麗，還展現了清代瓷器工藝的巔峰，也難怪當時的歐洲貴族們會愛不釋手。這些龍騎兵花瓶目前收藏於德國的德勒斯登瓷器收藏館（Porzellansammlung Dresden）中，成為了鎮館之寶。

為什麼要用騎兵換花瓶？

有人可能會想，600名訓練有素的騎兵不是戰場上的中流砥柱嗎？怎麼能拿來換花瓶呢？但在國王奧古斯特二世的眼中，這些可不是

1. 圖中為法國龍騎兵團的一名騎兵，手舉著從普魯士士兵奪來的軍旗，圖片取自Wikipedia，繪者：Édouard Detaille
2. 龍騎兵花瓶，圖片取自Wikipedia，拍攝者：ixx321
3. 龍騎兵花瓶上瓷蓋的細節，圖片取自Wikipedia，來源：德勒斯登茨溫格宮藝術收藏瓷器博物館，拍攝者：orge Royan
4. 德勒斯登瓷器收藏館內一景，左側的巨大青花瓷瓶為龍騎兵花瓶，圖片取自Wikipedia，拍攝者：de:Benutzer:Dr. Meierhofer

普通的花瓶，而是具有象徵地位的藝術珍品，甚至能提升自己作為「瓷王」的名聲。他認為，這筆交易不僅僅只是物品的交換，更是展示王室品味與文化追求的一次精心策畫。畢竟，在那個時代，軍隊可以再招募，但頂級的康熙瓷器卻是千金難求的稀世寶貝。

最後這600名龍騎兵到了普魯士後，很快就被編入了普魯士軍隊，這大概是史上最有藝術氣息來歷的兵團了。

龍騎兵花瓶背後的啟示

這些龍騎兵花瓶的故事，不只是歷史上的趣聞，也是一個充滿戲劇性和文化張力的傳奇。這場拿騎兵換瓷器的交易，背後展現的不僅是國王對藝術極致熱愛的執著，更反映了那個年代對東方文化美學的深刻追求。對奧古斯特二世來說，這些瓷器不只是漂亮的擺設，而是權力、品味和地位的縮影。

如果是你呢？你會選擇151件青花瓷瓶，還是600名龍騎兵呢？

你有看到我的狗狗嗎？
蘇格蘭畫廊裡的可愛㹴犬〈卡勒姆〉

　　如果有一天，你得和最愛的毛小孩說再見，你會用什麼方式記住牠？是拍下一張牠最燦爛的笑容，留著牠最愛的玩具，還是把那些美好的回憶深藏心底？有一個人選擇了既不平凡又浪漫的方式——他不僅請人畫了一幅專屬愛犬的肖像，還附上了一筆驚人的遺產，來確保愛犬的肖像畫能永遠掛在蘇格蘭國家畫廊裡。這個人就是英國的工程師兼慈善家詹姆斯・考恩・史密斯（James Cowan Smith），而他的摯愛，是一隻名叫卡勒姆（Callum）的丹迪丁蒙㹴犬。

　　這幅畫，不僅畫出了狗狗的可愛模樣，還承載了一段跨越百年的真摯情誼。這是關於愛、陪伴，還有「狗狗就是家人」的感人故事。

與畫廊簽訂的百年契約

　　1919年，英國的土木工程師兼慈善家詹姆斯・考恩・史密斯去

藝術家約翰・伊姆斯為卡勒姆繪製的
愛犬肖像畫，拍攝者：郭怡汝

世，他留下了一筆驚人的遺產——超過5.2萬英鎊。聽起來還好？但如果換算成今天的價值，這筆錢超過227萬英鎊（新臺幣約9,200多萬元），在當時相當於能夠購買一座小型城堡的金額！

而正因為史密斯先生的慷慨捐贈，這筆錢成了蘇格蘭國家畫廊的重要基金，並且讓館方得以收購超過40幅重要的藝術品，包括：西班牙畫家維拉斯奎茲（Velazquez）和哥雅（Goya）的傑作；英國藝術家雷伯恩（Raeburn）、薩金特（Sargent）和麥金托什（Mackintosh）等名作。這些藝術品不僅豐富了畫廊的收藏，也讓更多當地人能近距離欣賞到這些藝術史上的瑰寶。

但是，這筆錢可不是平白無故送給蘇格蘭國家畫廊的，史密斯先生的遺產附帶了兩個條件：

1900年繪有丹迪丁蒙㹴犬的圖畫，
圖片取自Wikipedia

1. 畫廊必須照顧他另一隻名叫「福瑞」（Fury）的狗。
2. 他已故愛犬卡勒姆（Callum）的畫作必須永遠掛在館內，無論天荒地老，這幅畫都不能撤下。

你沒看錯，這是一份包含狗狗條件的契約！結果呢？蘇格蘭國家畫廊接受了，不只如此，他們也相當盡責。事實上，蘇格蘭國家畫廊不僅接受了這個條件，而且還非常認真地執行，既照顧了福瑞，也讓卡勒姆的畫作穩穩地掛在館內。這一百多年以來，無論展覽如何更換，卡勒姆的畫作始終在館內占據了一個位置，這也讓它成為蘇格蘭國家畫廊裡受歡迎的畫作之一，至今仍吸引著無數的參觀者。

聰明又有靈性的卡勒姆

不過，卡勒姆到底是什麼樣的狗狗呢？為什麼會讓史密斯先生這麼愛牠？

卡勒姆是一隻丹迪丁蒙㹴犬（Dandie Dinmont Terrier），一

丹迪丁蒙㹴犬的照片，圖片取自Wikipedia，拍攝者：Canarian

種屬於蘇格蘭邊境的古老犬種。這種狗狗不只外表可愛，牠們小巧玲瓏，身體修長、腿短而結實，最具特色的就是那一頭像皇冠般的蓬鬆毛髮，讓牠們看起來有種自帶王者風範的氣質。

但可別被牠們呆萌的外表騙了！丹迪丁蒙㹴犬可是天生的獵手。過去，牠們被用來追蹤和捕捉老鼠、獾等小型獵物。牠們的身材雖然小巧，卻擁有驚人的勇氣和敏捷度，能輕鬆穿梭於各種險惡的地形，完成主人交付的任務。

更厲害的是，牠們不只是厲害的工作犬，還是絕佳的伴侶動物。丹迪丁蒙㹴犬的性格聰明、忠誠又溫順，這讓牠們成為蘇格蘭貴族和富商家庭最愛的寵物之一。你可以想像這隻小短腿狗狗坐在你身邊，用那雙明亮又深邃的眼睛望著你，彷彿在說：「放心吧，我會一直陪著你」，這也難怪史密斯先生會那麼愛牠，甚至願意用一份跨越百年的契約，來守護這份永恆的愛。

英國著名的動物畫家約翰・伊姆斯繪製的獵犬，私人收藏

畫中的卡勒姆，自信地站在簡單樸素的背景前，腳邊還有一隻剛捕獲的老鼠，象徵著牠作為獵犬的職責與能力。牠的毛髮被細膩描繪成蓬鬆柔軟的樣子，既帶有溫暖的質感，又隱約透出作為獵犬的力量與自信。這幅畫簡潔明瞭，凸顯了卡勒姆的主角地位，此外，畫中的每一個細節，也展現了卡勒姆既有威嚴又充滿活力的一面。

　　這幅畫是由英國著名的動物畫家約翰‧伊姆斯（John Emms）在1895年所完成。伊姆斯以描繪狗和馬的畫作而聞名，尤其擅長刻畫動物毛髮的質感和眼裡的靈性。在這幅畫中，伊姆斯把卡勒姆描繪得生動又真實，不僅表現出牠的外型特徵，還讓人感受到牠作為史密斯先生摯愛寵物的獨特意義。

一幅畫背後的愛與承諾

　　史密斯先生為什麼堅持卡勒姆的畫作一定要掛在蘇格蘭國家畫廊裡呢？或許，這就是他表達對卡勒姆深厚關愛的方式。他知道，無論多愛牠，也有一天不得不說再見。但他希望用藝術的力量來延續這份陪伴。對他來說，卡勒姆不僅是一隻毛小孩，更是他如家人般的存在，而這幅畫正是他用來跨越時間，保存這份愛的見證。

　　這幅畫背後動人的故事，也讓每一位來到畫廊參觀的人，無論是透過畫作還是解說文字，都能感受到這段愛與承諾的深意。它不僅是一幅畫，更是一份「家人永遠陪伴」的延續。

與卡勒姆的相遇

如果你有機會造訪愛丁堡的蘇格蘭國家畫廊，記得去找找卡勒姆的畫作吧！一位主人與一隻狗狗，透過一幅畫，傳遞了一段跨越百年的情感，也告訴了我們，毛孩不只是寵物，也是家人。

所以，下次當你凝望著自己最愛的毛小孩時，別忘了告訴牠：「謝謝你，陪我走過這些日子。」而假設有一天你路過了蘇格蘭國家畫廊，不妨去和卡勒姆打聲招呼，說一聲：「你好呀，小可愛！」

蘇格蘭國家畫廊裡展示的〈卡勒姆〉肖像畫，拍攝者：郭怡汝

藝術史上的白色誤會！
五彩繽紛的古希臘羅馬雕像

　　走進博物館，看到一尊尊古希臘羅馬時期的雕像，純白的大理石搭配流暢的線條，迷人又優雅，它們靜靜地佇立在展廳裡，散發著永恆而莊嚴的氣質。難道古希臘羅馬人早在千年前就知道「純白極簡風」了嗎？其實，這些雕像之所以看起來那麼潔白無瑕，大部分是因為……顏色掉啦！

　　這些看起來純白又夢幻的古希臘羅馬雕像，以前可是五顏六色的，當我們以為它們天生就是白色時，事實上這是一個藝術史上的「白色誤會」。

白色美學的誕生，從誤會開始

　　故事要從文藝復興時期說起，當時的歐洲藝術家與知識分子對於古希臘和古羅馬的藝術文化十分著迷，認為這些古文明的藝術代表了理性、秩序與美的巔峰。但是為什麼會出現這種想法呢？這就要提到當時的背景了。

首先，1453年拜占庭帝國滅亡後，大批的學者為了避難，帶著珍貴的古代手稿與文獻進入了西歐。這些知識資源的流入，讓歐洲人重新接觸到古希臘與古羅馬的思想與美學，激發了人們對古文明的濃厚興趣。此外，當時的富豪和權貴也扮演著重要的角色，他們為了彰顯自己的文化品味和社會地位，積極地支持對古代遺跡和雕像的挖掘與收藏工作。在這種風氣的推動下，許多埋藏在廢墟裡的古希臘羅馬雕像被陸續挖掘出來。

不過，由於這些古老的雕像被埋藏了數百年，甚至上千年，導致它們上面的顏料大多都因為自然風化或氧化而剝落，只剩下裸露的白色石材。不只如此，有些雕像上的古老顏料還因為出土後接觸到了空氣、濕氣、光照和溫度等環境變化，變得更加脆弱，甚至色澤不再，使得這些被發現的大理石雕像大多呈現白色的。

另一方面，當覆蓋著塵土砂石的雕像被發現時，人們通常會清潔它，這個過程容易出現過度清潔的情形，導致脆弱的顏料層被清除。舉例來說，19和20世紀時的大英博物館修復師為了清潔古希臘帕德嫩神廟的石雕，就陸續使用了金屬刷和強酸等方法，造成殘存的顏料和部分的大理石表面被損壞，讓這些雕像看起來變得更加白皙。

以上種種原因都進一步加深了人們認為古希臘和古羅馬雕像是純白色的誤解，以為當時的美學都只強調形式，很少考慮顏色，進而將這種「純白大理石」視為美的標準，甚至演變成一種審美潮流。

1937-1938年大英博物館清潔大理石雕像的工具，圖片取自Wikipedia

1. 雅典衛城博物館收藏的古希臘雕塑，圖片取自Wikipedia，拍攝者：arsyas
2. 顏色復原後的古希臘複製雕塑，圖片取自Wikipedia，拍攝者：Giovanni Dall'Orto
3. 大英博物館典藏的帕德嫩神廟石雕，圖片取自dreamstime.com，拍攝者：Jeff Whyte

為什麼雕像要畫成彩色的？

不過，古希臘和古羅馬的雕像，真的是白色的嗎？事實上，古希臘人和古羅馬人很早就開始為雕像上色，他們會在雕像的表面塗上鮮豔的紅、藍、黃色等，甚至金色的裝飾，讓它們看起來既鮮豔又顯眼。

可能你會好奇，為什麼古希臘和古羅馬人會想幫雕像塗上鮮豔的顏色呢？答案其實很實用——為了讓細節更加突出。這些雕像往往被放置在高處或戶外，觀眾需要從遠處仰望，有了鮮明的色彩就可以讓人更容易辨識出神明、英雄或偉人的身分、衣著和表情，尤其是在陽光強烈的地中海地區；同時，有了顏色還能讓雕像看起來栩栩如生，更能傳達出威嚴與氣勢。想像一下，如果眾神之王的宙斯雕像是全白的，遠遠看過去的人會容易感受到他手握雷電的威嚴嗎？

左邊為古羅馬時期的皇帝頭像，右邊為顏色還原後的複製頭像，圖片取自Wikipedia，拍攝者：Diagram Lajard

除此之外，不同的色彩其實還有不同的象徵意義，例如紅色可能代表著力量與勇氣，藍色象徵神聖，金色則是榮耀與權威的象徵。這些雕像不只是藝術品，更是用來傳遞故事、信仰和權力的工具。例如，古羅馬人會為羅馬皇帝的雕像塗上精緻逼真的膚色和服飾色彩，讓雕像看起來更像真人，進一步強化出皇帝的神聖形象與權威，來鞏固其崇高的地位。

還我本色！五彩繽紛才是美

不過，現代的研究人員到底是怎麼知道這些雕像原本是彩色的，又有哪些顏色呢？其實，很多被挖掘出來的古希臘和古羅馬雕像，表面仍然殘留著微弱的顏料痕跡。比如，古希臘阿法埃婭神廟（Temple of Aphaia）遺址出土的特洛伊弓箭手雕像，在紫外線燈光下，顯現出紅色、藍色和黃色的痕跡。此外，某些顏料在特殊光線下還會發出螢光，這些發現都進一步證明了這些雕像曾經上過顏色。

除了這些光學技術，考古學家還利用化學分析來還原古代的色彩。例如，雕像上常見的紅色來自硃砂，黃色來自赭石、雌黃，藍色則來自孔雀石或人工製作的埃及藍。而最直接的證據之一就來自出土的古希臘花瓶，一些花瓶上的圖案描繪了藝術家為雕像上色的場景。而古代文獻也曾有提到雕像的上色工藝，例如如何使用蛋清或植物油作為顏料的黏著劑，幫助顏色更為持久。這些證據都充分說明，過去這些雕像是曾經有過顏色的。

理解古希臘羅馬的美學

只是,隨著現代學者陸續揭示古希臘羅馬雕像是彩色的時候,很多人往往感到震驚,甚至覺得這些雕像原本「太鮮豔」或「有點俗氣」。畢竟,大家已經習慣了把古典優雅和純白雕像畫上等號,這種印象根深柢固。然而,也反映出我們對歷史的一種偏見——總是用現代的審美眼光來解讀過去,卻忘記了古希臘和古羅馬的藝術,並不是為了我們的現代品味而設計的。

正如一些藝術史學者所言,對於我們現代人來說,重點不是去告訴古希臘羅馬人什麼才是「正確」的藝術,而是要試著理解他們的審美觀和文化背景。對於當時的人來說,雕像上的鮮豔色彩不但不突兀,反而還是讓雕像充滿生命力與故事性的關鍵。

解開歷史的色彩

古希臘羅馬雕像的真相提醒了我們一件事:歷史常常和我們想像的不一樣。不過,這不正是歷史最迷人的地方嗎?當我們去理解那些和既定印象不同的事實時,才會發現,原來過去遠比我們以為的更加精采和有趣。

阿法埃婭神廟遺址出土的特洛伊弓箭手雕像,圖片取自Wikipedia,拍攝者:Bibi Saint-Pol

復原顏色後的特洛伊弓箭手複製雕像,圖片取自Wikipedia,拍攝者:Marsyas

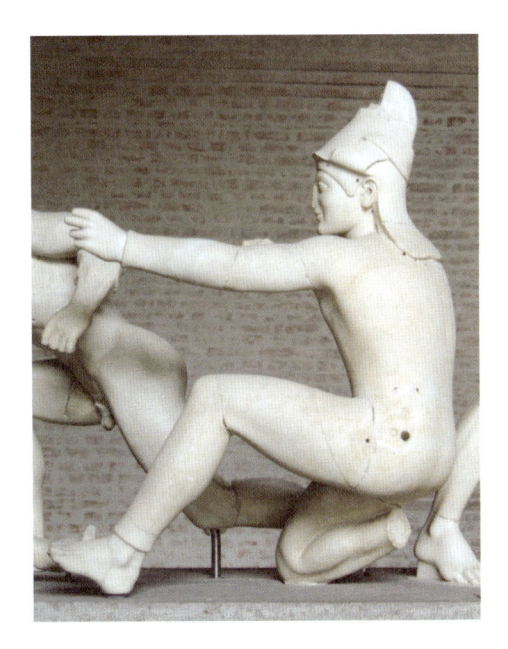

PART 2 藝術文化背後的趣事與祕密　117

PART 3
科學突破與醫療奇觀

17世紀誕生的奇怪防疫裝備！瘟疫醫生的鳥喙面具

還記得COVID-19疫情籠罩全球時，口罩與防疫面罩從我們生活中的一個選擇，變成了日常必需品嗎？其實，防疫裝備的歷史比我們想像的還要悠久又奇特。早在17世紀的歐洲，瘟疫蔓延時，人們就設計出了一種防疫面具──尖尖長長的造型像極了一個巨大的鳥嘴，再搭配上黑色的寬邊帽、蠟布大衣、手套與長靴，看起來驚悚又神祕，彷彿是萬聖節變裝派對上的造型。這套以「鳥喙面具」為特色的裝備，不僅是當時對抗瘟疫的創新嘗試，也展現了疫情時代人類的適應力。

瘟疫醫生登場

讓我們把時間往回拉至14世紀到17世紀，那時候的歐洲正被鼠疫肆虐，也就是後來俗稱的「黑死病」。這一個名稱源於患者的典型症狀──因為皮下出血而導致皮膚變黑，給人極為恐怖的視覺印象。此外，病患通常還伴隨著發燒、嘔吐、流膿和呼吸困難等症

狀。更可怕的是，這種疾病具有極高的傳染力與致死率。14世紀黑死病大流行的期間，就曾奪走歐洲約三分之一人口，讓整個大陸陷入極度的恐慌與混亂。許多城鎮在短時間內荒廢，街道上遍布屍體與無助的病患。

當時一些城市為應對瘟疫，開始僱用各類專職人員來協助處理疫情，包含埋葬屍體、清理街道，以及提供基本的醫療服務。到了17世紀，出現了一個更加專門的角色，稱為「瘟疫醫生」，並逐漸形

薄伽丘的〈1348年佛羅倫斯瘟疫〉，描述14世紀瘟疫肆虐下的佛羅倫斯慘況，圖片取自Wikipedia

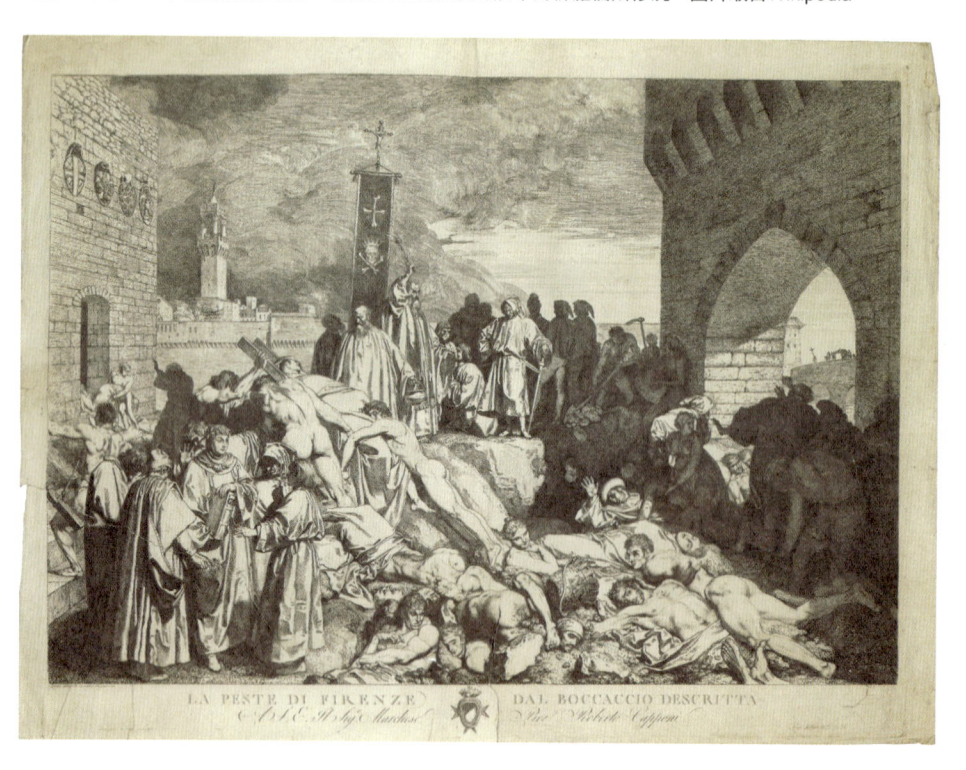

14世紀的畫作描繪了居民埋葬黑死病受害者的情景，圖片取自Wikipedia

成了典型的形象——戴著鳥喙面具、穿著蠟布長袍。這些瘟疫醫生在混亂的時代中被寄予厚望，希望能帶來秩序與安慰，並盡可能減少瘟疫的影響。

誰可以當瘟疫醫生？

雖然「瘟疫醫生」這個名稱聽起來專業又令人尊敬，但其實跟我們現在理解的「醫生」差距很大。因為在17世紀瘟疫流行時，許多真正有經驗的醫生早就選擇離開了嚴重的疫區，而願意擔任瘟疫醫生的人大多來自混雜的背景：有些是剛剛入行的年輕醫師，想藉此快速打響名號；有些則是從未受過正式醫學訓練的草藥醫生；有些還是失業的外科醫生，甚至還有一部分人，純粹是因為不怕死或經濟壓力太大，冒險上陣以此為生。因為瘟疫醫生大多是由城鎮或政府聘請，薪水很吸引人，通常比一般醫生高出三到四倍，還包吃包住，像是食物、住宿和防護裝備等。有些人甚至還可以在合約中要求提前支付薪資，或提供額外的津貼。

不過，這份高薪可不是白拿的，他們的主要工作是進入疫情最嚴重的區域，記錄死亡人數、提供簡單的治療，甚至見證遺囑。這些任務往往讓他們直接暴露在病菌和死亡的陰影下，是當時的高危險職業，因為光是接近病患就可能會賠上性命。不過，儘管瘟疫醫生在當時被視為帶著死亡氣息的存在，但對於深陷絕望的病患和家庭來說，他們同時也是無助時期的最後希望。

瘟疫醫生的日常

別以為瘟疫醫生的工作是整天在治病救人，其實他們的任務非常多樣化，有些甚至超出純粹的醫療範疇，例如：

記錄死亡人數：這是他們的重要職責之一，為地方政府提供疫情數據以制定應對措施。

見證遺囑：許多病患在臨終前會請瘟疫醫生見證遺願，因為其他見證人往往不敢靠近病患。

進行簡單驗屍：在需要的情況下，他們可能協助記錄死因，這也是了解疫情傳播方式的有限嘗試。

勸病患「認罪」：瘟疫經常被認為是上天的懲罰，瘟疫醫生有時需要協助病患完成懺悔或臨終儀式，這讓他們在病患心中增添了特殊的意涵。

至於治療方法，瘟疫醫生大多會採用當時流行的「專業」療法，例如放血、排毒。這些方法包括用水蛭吸血，或者

1720年馬賽瘟疫期間，瘟疫醫生穿著防疫裝備的插圖，圖片取自Wikipedia，作者：Robert, Louis-Joseph-Marie

把青蛙、蟾蜍貼在病患的腫塊上，以吸出毒素或排出體內不潔的體液。這些方法可能在現在的我們看來毫無科學根據，但在當時的醫學背景下，卻被視為合理且必要的治療手段。

從以上的工作內容可以看出，瘟疫醫生的角色不僅是醫療，還包含了疫情記錄、遺囑見證和心靈支持，可以說是集醫療、行政與精神支持於一身的「多功能職業」。

當時最先進的全套式防疫裝備

為了避免瘟疫醫生自己也受到感染，一些地方為他們配備了當時最先進的「全罩式防護衣」。這套裝備從頭到腳包得密不透風，目的是為醫生提供最大的防護。

瘟疫醫生通常穿著長到腳踝的蠟布大衣，這種材質可以阻擋跳蚤叮咬，降低感染風險。此外，他們還戴上皮手套和長靴，避免直接接觸病患的體液。頭上則搭配一頂寬邊帽，象徵他們的專業身分。不只如此，有些醫生手裡還會拿一根多功能木製長杖。這根杖不僅用來保持安全距離、檢查病患，還能幫助移動病患衣物或屍體，或者阻擋湊過來的民眾或動物。

其中最具代表性的裝備是「鳥喙面具」，雖然不是每位瘟疫醫生都會戴上，但它成為了後世最廣為人知的象徵。鳥喙面具據說是源自17世紀的法國宮廷醫師查爾斯·德洛梅（Charles de Lorme），他的目的是幫助瘟疫醫生在接觸病患時，能避免吸入當時認為傳播瘟

疫的「瘴氣」。這些鳥喙面具在眼部的位置裝有透明的玻璃片或水晶片，用以保護醫生的眼睛，避免直接接觸病患的飛沫或體液；而上面的鳥嘴可以長達20公分，以利裝滿各種有助於防疫的藥草與香料來抵禦疾病。

在那個醫學知識匱乏的年代，人們普遍相信瘴氣是一種帶有惡臭的有毒空氣。因此，他們會在面具的長嘴裡填滿各種香料和藥草，比如薰衣草、薄荷、丁香、玫瑰花瓣，甚至是泡過醋的海綿，試圖透過吸入這些「清新的香氣」來中和瘴氣。只是，鳥喙面具本身對瘟疫的防禦能力十分有限，因為黑死病的傳染源主要是鼠疫桿菌，而非空氣中的瘴氣。但在當時，這被認為是非常先進的防護方法，也為醫生帶來了心理上的安全感。

17世紀插畫描繪了一名男子摀住鼻子避免吸入瘴氣，圖片取自Wikipedia

那為什麼面具要設計成鳥嘴的樣子呢？據說，當時的人相信鳥類能吸入高空中的「純淨空氣」，因此鳥喙的形狀也被認為可以模仿

這種能力，甚至有驅邪避凶的寓意。

不過，這整套裝備最讓人頭疼的，就是它又厚重又悶熱，搞不好醫生還沒完成任務，就先因為中暑或缺氧而倒下了。儘管如此，這些防疫裝備還是可以說是那個時代人們對抗瘟疫最好的努力了。

17世紀鳥喙面具的真實性

講到這裡，你可能會好奇：瘟疫醫生真的天天會戴著這鳥喙面具上班嗎？答案是⋯⋯不一定！

雖然鳥喙面具的造型成為了瘟疫醫生的象徵，但歷史上這種面具使用的實際證據其實非常有限，也並非所有瘟疫醫生都會配戴鳥喙面具，它更多的是在某些地區或情況下才會配戴的特定裝備，在當時可能也沒有我們想像得普

〈羅馬的鳥喙醫生〉將戴著鳥嘴造型面具的瘟疫醫生形象傳向大眾，圖片取自Wikipedia，繪者：I. Columbina，ad vivum delineavit

及。最早將鳥喙面具與瘟疫醫生形象聯繫起來的，是1656年羅馬瘟疫期間出版的一幅版畫〈羅馬的鳥喙醫生〉（Doctor Schnabel von Rom），這是一件帶有諷刺意味的作品，暗指瘟疫醫生拿了錢卻什麼都沒治好；不過，這幅畫卻在無意間推廣了鳥喙面具的形象，讓它逐漸成為瘟疫醫生的標誌，並在後世文化中廣為流傳。

現在各大博物館裡展示的瘟疫醫生面具，儘管有些被質疑是否真的來自瘟疫時代，還是後來人根據圖像重新製作的。不過，即使如此，這些鳥喙面具仍然充滿了歷史意義，因為它們代表人類對抗疾病時的勇氣與無奈。

存放在德國歷史博物館的17世紀瘟疫醫生鳥喙面具（側面），圖片取自Wikipedia，拍攝者：Richard Mortel

瘟疫醫生的鳥喙面具（正面），圖片取自Wikipedia，拍攝者：Anagoria

鳥喙面具背後的人性與信念

　　回頭看看瘟疫醫生的故事，儘管這些面具的設計混雜著迷信與科學上的誤解，可能也沒真正挽救過多少生命，但它們仍象徵了一份不放棄的堅定信念。

　　現代的我們或許會對這些古早的抗疫方式莞爾一笑，但別忘了，醫學與科學的每一分進展，都是一代代的人在嘗試與失敗中堆砌而成。鳥喙面具以它獨特的形象告訴我們，無論挑戰多麼艱巨，人類總能以創意和毅力找到解方，即使這些方法在今天的我們看來有些稚拙，但對於當時的人們而言，卻承載了對生命的珍視與對未來的希望。

17世紀德國的瘟疫醫生服裝，圖片取自dreamstime.com

我還活著別埋我！
讓人死而復活的安全棺材

　　過去幾個世紀以來，歐洲的人們一直有一個深深的恐懼，那就是害怕自己被活埋。現在的我們可能聽到會覺得這種煩惱很荒謬，像是杞人憂天，但對於當時的人們來說，活埋可不是恐怖小說裡才有的情節，而是許多人真實的夢魘！

　　畢竟，在那個醫療科技還不發達的年代，要確定一個人是不是真的死透透並不容易，就連最早可以仔細聆聽呼吸和心跳聲的聽診器，也要等到1920年代左右才問世。所以，在霍亂、黑死病等這些傳染病大流行的時候，生病的人很容易就會因為呼吸和脈搏微弱，皮膚冰冷，加上昏迷，被醫生誤判「這傢伙不行了，準備入土為安吧！」，結果下一秒，家屬哭得昏天黑地的時候，這個「不行了」的傢伙可能就會突然醒來，問晚餐要吃什麼。

被活埋是很常見的一件事

　　這種誤判在當時其實不少見，加上醫院的資源有限，人們深怕疾

病擴散更加嚴重，也導致了不少還活著的病人被迅速埋葬，出現了許多可怕的故事——有些人在棺材裡醒來，發現自己被活埋；有些人甚至就這樣被提早送上了西天。

這類的故事在社會中廣泛流傳，讓人們對死亡的恐懼變得更加強烈。活埋成了隨時可能發生的威脅。19世紀的比利時藝術家安東尼·維爾茨（Antoine Wiertz）就曾在1854年畫下名為〈活埋〉的畫作，逼真地捕捉了一個在霍亂大流行中被誤判為死亡的男子，突然從棺材中醒來的那一瞬間。畫中的男子滿臉驚恐，拚命地想推開棺蓋，露出無助和恐慌的眼神，而他的棺材周圍還散落著人骨，讓觀看這幅畫的人都能感受到那種毛骨悚然的絕望。

不只如此，跟維爾茨同時代的知名童話故事作家安徒生（Hans Christian Andersen）也很怕被活埋。據說他出門在外旅行的時候，一定會在旅館的床邊桌子上留下預防性的紙條，寫下「我看起來好像死了，但其實我沒死」，以防被人抬去埋。這些都反映了當時人們對這個可怕現象的真實焦慮。根據19世紀末一位英國醫生做的統計，他

維爾茨博物館展出藝術家安東尼·維爾茨的畫作〈活埋〉，圖片取自Wikipedia

發現光是英格蘭和威爾士地區，每年就有2千7百人被誤以為死亡而遭到活埋。

於是，為了避免這種慘劇不斷發生，醫生和專家學者都開始尋找各種可能的解決辦法，像是：不然在棺材裡面放一小瓶毒藥，讓不幸發現自己被活埋的人可以自我了斷而不會經歷痛苦，真正歸西，又或者乾脆直接送去火化，就沒有被活埋的問題了。只是這兩種方法很快就被人們打槍，因為被毒死或被活活燒死其實都沒有比活埋好。因此，也自然催生出了一系列奇妙的發明，其中最具代表性的就是「安全棺材」。

幫助死人復活的安全棺材

安全棺材這個概念聽起來就像黑色幽默的笑話。棺材，這個代表死亡的象徵，居然要設計得讓死人能夠逃生？沒錯，這類棺材通常裝有各種機關，好讓不小心復活的「死者」能在醒來時，可以通知外界自己還活著。

例如，早期的設計包括在棺材內安裝繩索，繩索的一端繫在死者的手上，另一端連接到地面上的鈴鐺，這樣死者在被埋葬後如果突然醒來，他們就可以拉動繩索，敲響鈴鐺，提醒地面上的人來救他們。此外，還有一些有趣的設計，像是在棺材上安裝了一個小管子，透過這個管子可以給被埋葬的人送風，甚至送水、送食物，來延長他們的生存時間。

英國惠康博物館的藏品包含了19世紀末的著作〈過早埋葬及如何預防〉，圖片取自Wellcome collection

1890年代設有通風孔和逃生機關的墓室，圖片取自Wikipedia

不只如此，有些安全棺材的設計甚至更為複雜，充滿了五花八門的裝置，譬如說只要有人在棺材內移動，裝置就會被啟動，讓埋在地下的人引爆煙火、點亮燈泡，或在夜晚的墓地裡升起一面旗幟，發出「我還活著！」的訊號等，各種給「死者」留一條「後路」的設計，以防他們真的還沒死透，可以獲得即時的救援。

認真說起來，如果在棺材裡聽到鈴鐺聲，可能大多數的人只會覺得很恐怖，然後火速逃離現場。但對於當時的人來說，這卻是一種安慰，至少他們可以心安理得地認為，即使有人被誤埋，也還有一線生機。

安全棺材真的有效嗎？

不過，這些安全棺材真的有用嗎？答案可能會讓你大失所望。雖然有許多設計看似有用，還獲得專利，甚至還進入了生產階段。但

實際上，從來沒有任何證據顯示這些棺材救過任何一個被錯誤活埋的人。事實上，這些設計大多存在嚴重的技術問題。

舉例來說，裝有繩索和鈴鐺的棺材，理論上是當不小心復活的死者在棺材內移動時，鈴鐺會響起。然而，問題來了，人死後身體會自然腐爛、腫脹，這些變化也可能導致繩索移動，讓鈴鐺響起，但是這並不代表死者真的復活了，結果只導致了墓地的看管人經常被這種「假警報」弄得精疲力盡。

對抗死亡的小小勝利

即便如此，人們對安全棺材的需求仍然持續了好幾十年，一直到醫學技術的進步和出現了更為嚴格的死亡判定標準後，人們對活埋的恐懼才大大減少。但在過去那個時代，安全棺材代表了不只是人們對死亡的恐懼，也包含了對生命最後一絲的希望。

回顧這段歷史，安全棺材也許是一種人們對抗死亡的小小勝利——即使只是為了讓自己安心一點的精神勝利。

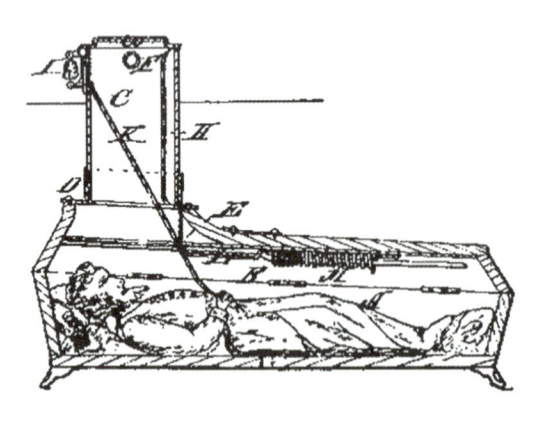

發明家們試圖透過安全棺材解決被活埋的恐懼，圖片取自Wikipedia

可以升起救命訊號旗子的安全棺材，圖片取自Wellcome collection

那些年人們信的萬能療法：
水蛭罐裡的吸血鬼小醫生

　　19世紀的藥房櫥窗裡，擺放著一個個華麗的陶瓷罐，罐蓋上穿了小孔，不過，裡面放的不是糖果、不是茶葉，也不是藥材，而是滿滿的水蛭！是的，這些黏滑又讓人退避三舍的吸血小生物，曾經是18世紀至19世紀早期醫療界的超級明星。不僅如此，這些水蛭還有自己專屬的「豪宅」——水蛭罐。究竟這些醫療用的水蛭和存放牠們的罐子是怎麼使用的？有哪些價值？又為什麼水蛭吸血曾被推崇為能解決各種疑難雜症的萬能方法呢？

水蛭的醫療奇蹟

　　首先來說說水蛭與醫學的緣分，水蛭（Leech）主要被用於一種叫做「放血」的醫療行為，又稱水蛭療法，是一種利用水蛭吸血來達到醫療目的的治療方式。放血療法的歷史悠久，最早可以追溯到古埃及，一些出土的文獻裡曾提到使用水蛭進行治療的內容。而古希臘醫學之父希波克拉底（Hippocrates）提倡的體液學說，認為人體

是由四種體液——血液、黏液、黃膽汁、黑膽汁——所構成，必須要這四種體液都保持平衡，才能維持健康。如果體液失衡，疾病就會找上門，這時放血就是調節體液的最佳方式。

到了文藝復興時期，水蛭已經被廣泛應用於治療神經、消化、泌尿等多種疾病，後來還風靡了整個歐洲和中東地區。此外，中國有名的醫藥學家李時珍在《本草綱目》中就記載，水蛭具有破血逐瘀的功效，外用可治療局部瘀血和紅腫等。就這樣，隨著時間的推移，水蛭的醫療用途不僅沒有減少，反而因為其效果和象徵性的醫療價值，得到了更多的推崇。18、19世紀時，儘管醫學技術已有相當的進展，不過水蛭在放血療法中的地位卻來到了歷史的巔峰。

這時候的歐洲，不管是頭痛、發燒、痛風，還是心智失常，都有人推薦放血，幾乎無所不治，這種「包山包海」的療效讓水蛭成為了醫療界的「明星產品」，就曾有醫生為病人開出一次使用九十隻水蛭的處方箋。而根據19世紀的紀錄，英國伍斯特醫院每年就用掉了多達一億六千萬隻的水蛭，而

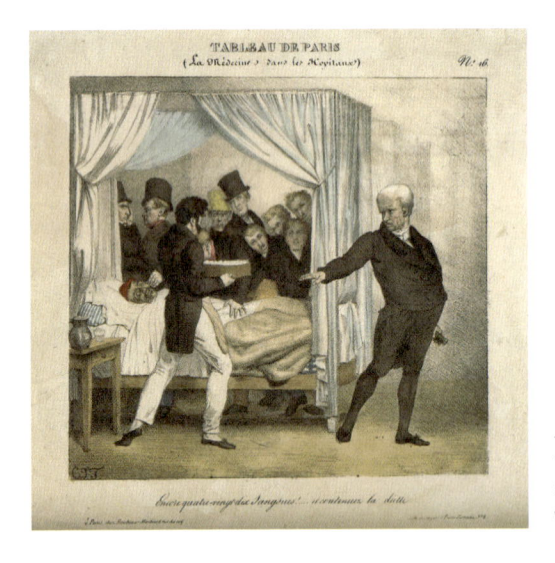

1827年的圖畫描繪醫生為病人開了90隻水蛭的處方，圖片取自Wikipedia，來源：Wellcome Collection gallery

法國在1833年就進口超過四千萬隻醫療用水蛭，年度的總需求量甚至高達一億隻。特別是法國軍醫弗朗索瓦・布魯塞（François Joseph Victor Broussais）更是水蛭療法的頭號粉絲，他相信水蛭能吸走人體的「壞血」，並治好一切病症。在他的推動下，拿破崙的軍隊光是從匈牙利就進口了數百萬隻水蛭來負責治療士兵的傷病。據說在那個年代，法國仕紳的一生中就至少有一次生病會靠水蛭來治療，還有人傳說拿破崙用水蛭治療過他的痔瘡呢。

正因為歐洲每年都有龐大的水蛭需求量，也導致了過度捕撈的情形，許多地區的野生水蛭數量驟減，甚至瀕臨滅絕。還因此讓一些國家開始推行水蛭養殖，並訂立保護措施，比

19世紀的醫生為患者施用水蛭的插畫，圖片取自Wikipedia，來源：Wellcome Collection gallery

阿姆斯特丹大學特殊收藏中的歐洲醫蛭（Hirudo medicinalis）檔案插圖，圖片取自Wikipedia，作者：Karl Ragnar Gjertsen

1638年木刻畫描繪女性使用水蛭治療疾病的場景，圖片取自Wikipedia

如限制捕撈的季節,來防止水蛭真的被抓到一條也不剩。

華麗的水蛭罐是藥房的招牌

　　隨著水蛭療法的盛行,水蛭罐也應運而生,大多以陶瓷為主要材料,不過也有少數為金屬或玻璃等其他材料所製成。這些罐子不僅是實用的醫療工具,也是藥房的「門面擔當」。想像一下,走過19世紀的藥房櫥窗,看到一個個精美的陶瓷罐,上面有閃亮的金邊裝飾,還刻著醒目的「LEECHES」字樣,你會不會覺得這藥房很不簡單?

　　在那個時代,藥房櫥窗就是吸引顧客的關鍵。除了放著蜂蜜、藥材的普通陶瓷罐,水蛭罐通常會擺在最顯眼的位置,畢竟它們代表了藥房的專業和高級程度。當時流行的觀念是,罐子越華麗,越能彰顯藥房的實力。不過,當然水蛭罐不只是個擺飾,設計也很講究。罐蓋上通常會有一些小孔用來透氣,確保水蛭能活得舒適,不只如此,許多罐身還會裝飾得像藝術品一樣精緻,舉例來說,英國著名陶瓷製造商Samuel Alcock & Co.出品的水蛭罐,就是當時的高級貨。這些罐

19世紀中期,英國的華麗水蛭罐,圖片取自Wikipedia,來源:Wellcome Collection gallery

子有的高達2英尺（約60公分），看起來既氣派又搶眼，容易讓路過的人忍不住回頭多看幾眼。

然而，這些罐子事實上卻沒有外表看起來的那麼實用。水蛭可是有名的「逃脫專家」，罐子的透氣孔偶爾也會變成牠們逃獄的逃生通道，結果就是藥房滿地滑溜溜的小傢伙，畫面相當驚悚。加上水蛭很嬌貴，必須定期換水，藥劑師有時還得要用柳枝輕輕刷洗牠們的皮膚，去除雜質或黏液，光是想像這過程，就讓人頭皮發麻。

而一個標準2加侖（約7.5公升）的水蛭罐可以容納多達250隻水蛭，但這只是一天的存貨。其他更多的水蛭其實大多放在藥房後台的大型容器裡，有些裡面還會幫水蛭鋪設用鵝卵石或苔蘚打造的小天地，以提供牠們舒適的生活環境。只是說，如果你有密集恐懼症，那要在以前有水蛭罐的藥房裡當藥劑師，可能會是一個特別艱辛的挑戰啊！

您點的是高級還是普通水蛭？

說到這裡就不得不提到，水蛭可是有等級之分的，像是來自瑞典和德國的水蛭被視為高級品種，因為牠們吸血量大，而且不需要誘餌就能自行附著。相較之下，美國的水蛭被認為稍遜一籌，因為牠們需要血液的氣味引誘才肯工作。到了19世紀末，100隻瑞典水蛭的價格一度高達5美元，如果按照今天的價值計算，大概快接近100美元（約新臺幣3200元），這可是不便宜的價格呢。

1. 重建19世紀的藥房外觀，保留了水蛭罐放在櫥窗的樣子，圖片取自Wikipedia，來源：Wellcome Collection gallery

2. 19世紀的插圖描繪了採集者以身體誘捕水蛭的場景，圖片取自Wikipedia，作者：Jim Griffin

3. 一張展示水蛭如何吸附在患者皮膚上進行吸血以促進治療的圖片，圖片取自Wikipedia，作者：MED.Leeches

水蛭療法的衰退與現代應用

　　直到近代醫學的進步，人們開始意識到大量放血其實是有害的。放血可能會導致貧血，甚至是病情加重，因此到了19世紀末期，放血療法逐漸失去了人氣。然而，水蛭並沒有因此退出歷史舞台。

　　現代醫學發現，水蛭唾液中的抗凝血劑和其他蛋白質對於促進血液循環和預防血栓形成有顯著的效果。因此，現在仍然有部分地區或療法會使用專門培養的醫療用水蛭來進行像是皮膚移植和再植等的外科手術。慶幸的是，至少現在大部分的療程已經不再需要仰賴這些小小的吸血鬼醫生們來幫忙治病了，不然的話，病人可能得先克服心理陰影才能來求醫。而這些水蛭罐也成了一件件博物館裡的歷史文物，那些華麗的罐子與曾經住在裡面的滑溜小房客，生動地講述了這段趣味性十足的醫學史，也讓我們對過去的醫療方法多了一份了解與想像。

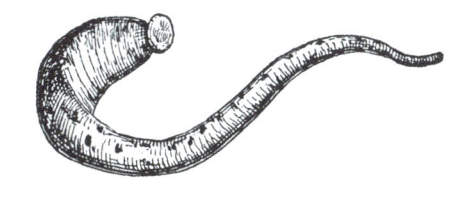

1870年倫敦購買醫療水蛭的收據，由Fitch & Nottingham開具，圖片取自Wikipedia

要看就得簽生死狀：
居禮夫人的要命筆記本

你可能聽過很多「要簽生死狀」才能做的事情，像是跳傘、高空彈跳或是去某些神祕禁地探險。不過，你有沒有想過，看一本手寫的筆記本居然也會讓你面臨相同的情況？這個筆記本不是別人的，而是知名科學家、同時也是史上第一位在兩個不同科學領域（物理學與化學）都獲得諾貝爾獎的傳奇人物——瑪麗・居禮（Marie Curie），也就是我們熟知的居禮夫人。我們要來聊聊她親手寫下的珍貴科學紀錄，也被認為是危險到要人命的筆記本。

筆記本，有什麼好怕的？

你可能會想：筆記本？這有什麼好大驚小怪的？但這可不是普通的筆記本，它是居禮夫人在1899年到1902年之間進行科學實驗的紀錄，這些筆記本見證了她和她的丈夫皮埃爾・居禮（Pierre Curie）發現放射性元素鐳和釙的過程。正因為這樣，這些筆記本含有鐳-226，會釋放出輻射，這些輻射會對人體帶來傷害，包含增加致

癌風險、輻射中毒等健康問題，嚴重一點甚至可能會讓人小命不保。居禮夫人的一生致力於放射性物質的研究，因為長年暴露於輻射，最終罹患再生不良性貧血而去世。這種疾病被認為與長期接觸放射性物質有關。

然而，鐳-226的半衰期是一千六百年，也就是說，這些受到輻射汙染的筆記本要等到過了一千六百年以後，它放射性物質的輻射強度才會減少到原來的一半，而如果想要等到這些筆記本的放射性減少到九成，那可就要等到五千年之後了。

居禮夫婦對鐳進行實驗，圖片取自Wikipedia，繪者：法國藝術家André Castaigne

想親眼看看？沒問題！先簽生死狀吧！

這些「要命的筆記本」目前被謹慎的裝在能隔絕輻射的鉛製盒子裡，安全的存放在法國國家圖書館（Bibliothèque nationale de France）與惠康博物館（Wellcome Collection）等相關機構中，而且不開放一般大眾翻閱。

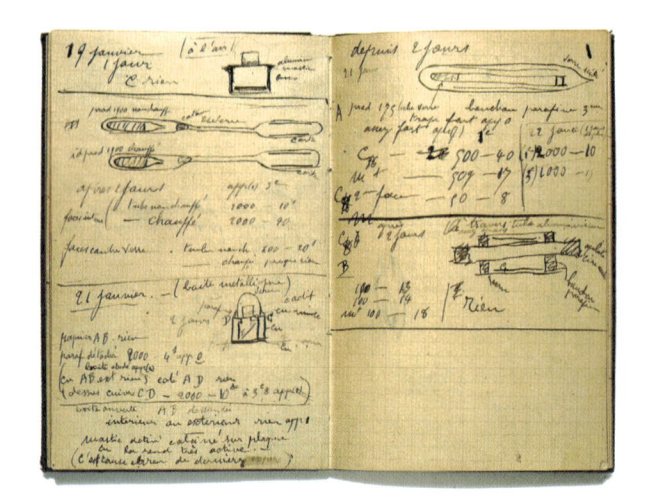

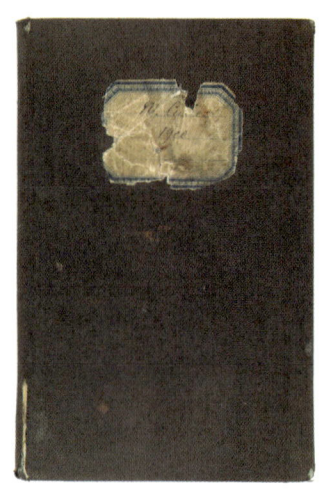

居禮夫人其中一本含有鐳的筆記本內頁及封面，惠康博物館收藏，圖片取自Wikipedia

不過，如果遇到真的很想要一睹這些神祕筆記本廬山真面目的訪客，那麼除了做好心理準備之外，像是法國國家圖書館在內的收藏單位，可是會特別請訪客簽署一份風險聲明文件，白話來說就是生死狀啦！接下來才會讓訪客穿戴包含防護服、手套、口罩等在內的防護裝備，來降低和隔絕那些無形中會讓人中毒或造成健康疑慮的輻射。

那些年人們一起用的超「鐳」產品

不過，你以為居禮夫婦發現的「鐳」影響只有這樣嗎？在鐳被發現不久後，當時的人們對這種神祕的元素充滿了無限的想像力。大家都

在紫外光下會發出淡淡光芒的含鐳手錶指針，圖片取自Wikipedia，拍攝者：Mauswiesel

覺得這東西厲害得不得了，不但會自己發光，還可以治療癌症，簡直就是種「神藥」！於是，各種奇葩的鐳產品應運而生，當時的市場簡直就像一個「鐳」的實驗場，大家迫不及待地要把這個最新的發現融入日常生活中。

例如，有菸草公司推出了含鐳的香菸，號稱吸一口就能提神醒腦、活絡筋骨，還能讓身體更加強壯。但事實是，吸菸本來就已經夠傷身了，再加上鐳的輻射，根本就是毒上加毒，雙倍致命。而且不只香菸，還有更離譜的例子，像是加了鐳的可可粉、兒童玩具、牙膏、礦泉水、保險套等，各種你想得到的產品統統都有。在商人的推波助瀾和廣告的吹捧之下，這些含鐳的產品被認為是能治療一切事物的萬靈丹，也成了時下最流行，而且不入手就落伍的東西。

當然，愛美的女性也沒能逃過這場悲劇。含鐳的化妝品一度非常流行，號稱能讓肌膚煥然新生。事實上，這些化妝品確實能讓皮膚

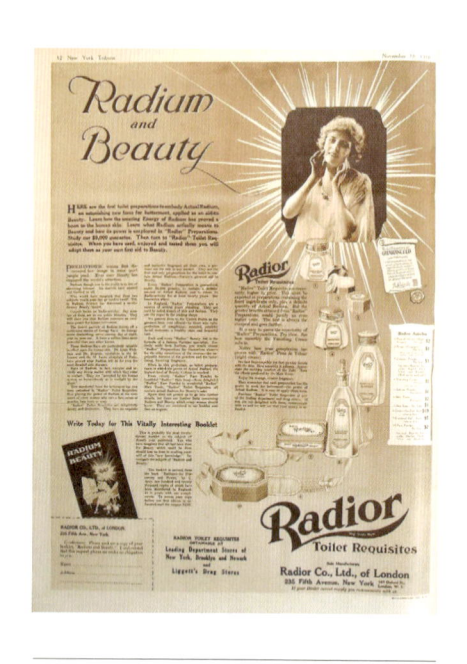

1918年含有鐳的化妝品廣告，包含護膚霜、肥皂等產品，圖片取自Wikipedia

「重生」，只不過是讓皮膚壞死後再重新長出來。一些女性甚至還拿鐳來做美甲、塗在頭髮上，最後都付出了慘痛的代價。

最有名的鐳災難莫過於「鐳女郎」事件。由於鐳和特定材料搭配後，會釋放出肉眼看得見的淡淡光芒，因此，也曾一度流行被拿來製作成螢光漆，特別塗在鐘錶的指針和數字上，作為夜光鐘錶使用，來滿足軍隊和鐵路運輸的需求。20世紀初期，一群在美國工廠裡的年輕女工，她們每天的工作是幫鐘錶塗上含鐳的螢光漆，而為了讓筆尖更細、更好塗畫，她們會用嘴舔筆尖，結果不知不覺中也吃下了大量且致命的鐳。由於鐳的放射性會逐漸破壞骨骼和組織的細胞，導致細胞無法再生或死亡。最終，她們的牙齒脫落、下巴壞死，不幸相繼過世。

此外，當時還有一位叫做埃本·拜爾斯（Eben Byers）的富二代兼運動員，當時他因為手臂受傷，被無良的醫生建議要服用最新的特效藥，也就是含鐳的保健品「鐳補」，並且保證他不只會好，還會更健康。這讓拜爾斯信以為真，把這藥當作神水每天照三餐喝，三年內喝下了超過1400瓶的「鐳補」，結果導致他輻射中毒，不僅

下巴掉了，就連頭骨也出現大洞，最後他的遺體被放進鉛製的棺材裡，以防輻射汙染與影響環境。

鐳女郎和拜爾斯的悲劇引起了社會大眾的關注和高度重視，才使得人們對「鐳」的狂熱幻想畫下休止符，並且對鐳這類放射性物質的危害有了更多和進一步的認識。同時也讓後來的人們在處理居禮夫人的筆記本、檔案，甚至是傢俱時，都非常的小心與謹慎。

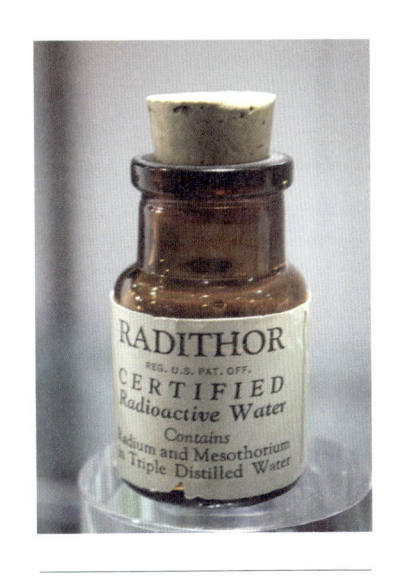

美國新墨西哥州國家核科學與歷史博物館收藏的鐳補瓶，圖片取自Wikipedia，拍攝者：Sam LaRussa

無形的輻射，無價的貢獻

居禮夫人的筆記本不僅是一個充滿故事的文物，也是科學史上放射性研究的重要見證之一。它提醒了我們，在偉大的發現背後，往往隱藏著我們無法預見的危險，以及前人無私的付出。

儘管今天的我們對輻射已經有了更深入的理解，並且具備了更好的防護措施，但這些一百多年前的筆記本，依然是一種無法近距離接觸的神祕寶物。它們就像一本帶有無法觸摸力量的魔法書，在歷史的長河中，默默訴說著科學與人類探索的偉大故事。

PART 4
歷史上的意外與神奇傳說

重要時刻出包：
加拿大簽錯地方的
二戰停戰協議書

在1945年9月2日，東京灣的密蘇里號戰艦上，進行了一場具有劃時代意義的儀式——日本政府官員在這裡簽下了投降文件，象徵著第二次世界大戰的正式結束。這一天的意義不僅在於打了六年、全球規模最大的戰爭終於結束，更在於超過千名官兵與各國代表齊聚一堂，在這裡見證久違的世界和平。

不過，這麼莊嚴隆重的場合，加拿大卻意外發生了「國際級的失誤」，不但讓全世界見證了一場歷史性的大出包，還差點讓好不容易到手的和平功虧一簣。

二戰的終章

在第二次世界大戰的後期，隨著歐洲戰場上的納粹德國無條件投降，整個世界的目光都轉向了太平洋戰場，日本作為最後一個主要

隸屬於美國海軍的密蘇里號戰艦（BB-63），圖片取自Wikipedia

軸心國，仍在頑強抵抗，這使得以美軍為首的同盟國加緊了對日本的作戰行動，其中包含空襲、海上封鎖，甚至動用了前所未見的核武器——原子彈。1945年8月6日和8月9日，美軍在廣島和長崎分別投下了兩顆原子彈，最終，日本天皇在8月15日宣布無條件投降，這場殘酷的戰爭終於迎來了尾聲。

簽署投降文件之前，站在密蘇里號戰艦上的日本代表，圖片取自Wikipedia，來源：Army Signal Corps

日本投降後，美國、英國、法國、蘇聯、中國、澳洲、荷蘭、紐西蘭與加拿大等九個同盟國的代表齊聚在象徵著盟軍強大武力和決心的密蘇里號戰艦上，與日本政府官員會面，準備簽署投降文件《降伏文書》，以正式結束這場血腥的戰爭，所有人都希望這個簽字儀式能順利進行。

一行之差引發的連鎖效應

簽字儀式的進行方式是日本代表先簽署一式兩份的投降文件，接著再由九位盟軍代表依序在兩份有各自國家欄位的相同文件上簽名。每個國家的簽名位置都是事先精心安排和設計好的，目的就是

確保每個國家都能在文件上正確地簽下名字。

在前面的國家代表都順利簽完名後，輪到了加拿大的代表勞倫斯・摩爾・科斯格雷夫（Lawrence Moore Cosgrave）上校，他在簽署給日本的投降文件時，意外把原本應該寫在加拿大欄位上的名字，簽錯在法國的欄位上。

這一簽可不得了，接下來上來的法國代表看到自己被科斯格雷夫上校簽走的位置後愣了一下，彷彿在想：「咦，我的位置怎麼被簽走了?!」他只好也往下一欄簽，簽在荷蘭的位置上，就這樣後面的代表紛紛跟著簽錯位置，現場成了一場「簽名錯位大賽」。而當最後一位紐西蘭代表上場時，整個文件已經沒有空位可以簽了。無奈之下，他只好在文件最下面的空白邊緣處簽上自己的名字，才勉強完成了整個儀式。

歷史的驚險瞬間

只是這個無心之過，對於日方代表而言，卻是一場不容忽視的「失誤」。當日本代表小心翼翼地檢查這份珍貴的投降文件時，他們眉頭深鎖，似乎無法接受這份象徵他們投降的重要文件竟然出現簽錯位置的情形。他們甚至質疑文件的有效性，並且對此提出抗議，表示不接受這樣「不合格」的文件。畢竟，這份文件不僅僅只是簽名，而是一個正式結束戰爭的象徵，任何一點瑕疵都可能成為日後的爭議點。

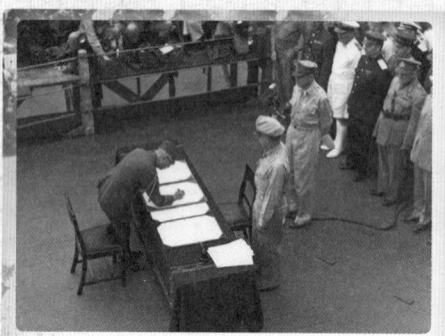

1. 代表日本政府簽署投降文件的日本外務大臣重光葵，圖片取自Wikipedia，拍攝者：Army Signal Corps photographer LT. Stephen E. Korpanty
2. 日本帝國陸軍參謀長梅津美治郎大將在降書上簽字，圖片取自Wikipedia
3. 美國的麥克阿瑟將軍（照片中坐下者）代表同盟國簽署，圖片取自Wikipedia，拍攝者：United States Navy
4. 科斯格雷夫上校在密蘇里號戰艦上簽署日本投降書，圖片取自Wikipedia，拍攝者：United States Navy
5. 美軍薩瑟蘭參謀長（照片中坐下者）親自修正日本投降書中簽名欄位錯誤的情形，由美國上校和日本外務大臣現場見證，圖片取自Wikipedia，拍攝者：United States Navy

這時，場面尷尬到了極點，大家都屏住呼吸，深怕這場具有歷史意義的停戰儀式會變成國際鬧劇，甚至化為烏有。

美國軍官的神救援

正當大家不知所措之際，也來不及重新印製一份新的空白投降文件時，美國將軍麥克阿瑟（Douglas MacArthur）的得力助手，也就是參謀長理查．薩瑟蘭（Richard K. Sutherland）立刻做出了反應。他掏出筆，親自把加拿大代表簽錯名字的「法國」欄位畫掉，重新手寫上了正確的國家名稱「加拿大」，就這樣，他用相同的方式更改了每個簽錯位置的國家欄位，最後也在每一個修改的地方簽上自己的名字，用以表明這些是經過正式確認的修改。

薩瑟蘭參謀長的快速補救不僅穩住了場面，也讓文件的合法性得以維持，並讓整份文件勉強看起來合格。最後，日方代表不情願地接下這份「塗塗改改」的降書，這場差點變成國際笑話的簽字儀式，終於順利畫下句點。

儘管這場插曲看似有點荒唐，卻也展現了國際間在和平時刻的默契，大家都願意在這個歷史性的一刻妥協和退讓一步，以避免任何不必要的爭議。幸運的是，盟軍留存的那份投降文件倒是沒有出錯，所有的簽名都簽在正確的欄位上，也算是給歷史留下了一個完好的紀錄。

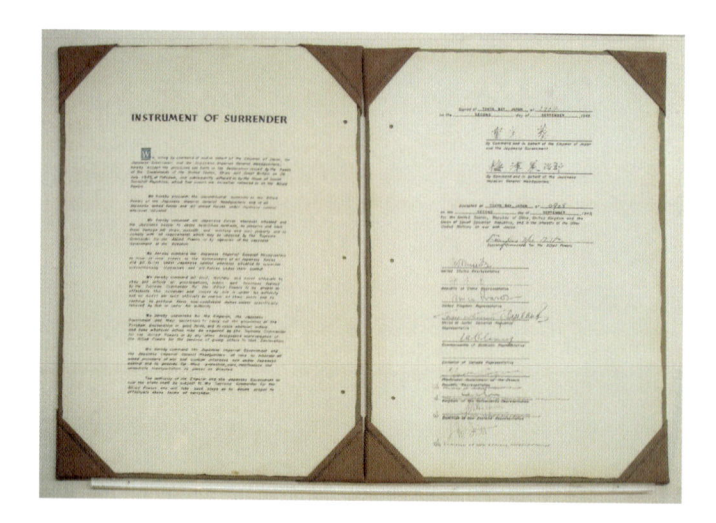

經過塗改的日方存本（加拿大簽字處為空白），
圖片取自Wikipedia，拍攝者：World Imaging

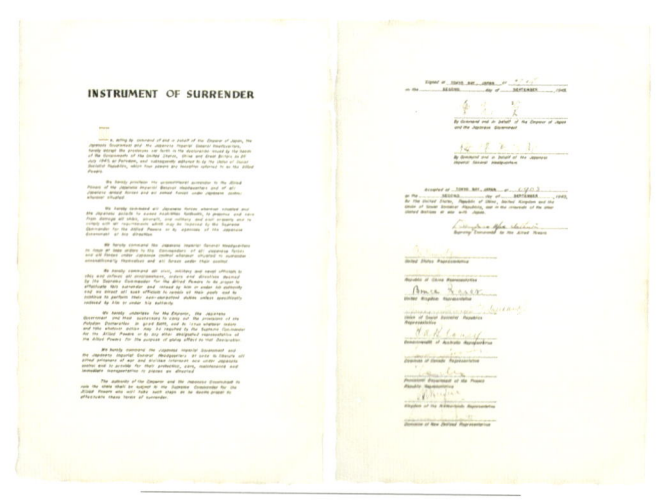

未經塗改的盟軍存本，圖片取自Wikipedia，
拍攝者：United States War Department

戰場上失明的科斯格雷夫上校

儘管科斯格雷夫上校並不是故意簽錯位置，有人認為科斯格雷夫上校是因為在第一次世界大戰的時候，在戰場上失去一隻眼睛的關係，才導致他在簽署文件時出現視線有所偏差的情形，讓他不小心看錯行。不過，這場簽名失誤還是成了當時報章雜誌的熱門話題，各國媒體紛紛報導這件事，也讓加拿大躍上了國際版面。

雖然對於美國和其他盟軍來說，這個簽錯位置的失誤在結果上並沒有對整個投降儀式產生任何實質影響。但對於科斯格雷夫上校本人來說，簽錯欄位卻成了他一生最難以忘懷的時刻。尤其是戰後的加拿大媒體似乎對他的經歷與軍功不感興趣，反而很熱衷提起他在東京灣這段「名字簽錯位置」事件，令科斯格雷夫上校頗為尷尬，甚至有點不堪其擾。不過，隨著時間過去，他後來似乎也能輕鬆面對，並在退休後自嘲此事，笑稱這是自己人生的巔峰時刻。

事實上，科斯格雷夫上校可不是當時加拿大隨便派出去作為代表的軍官，他曾擔任外交官，也參與過第一次世界大戰，而且因為作戰表現勇敢且具有領導力，擁有卓越的軍事貢獻。因此，他的戰場經驗和能力都使得他在盟軍中享有一定的聲望，讓他成為了合適的人選，得以代表加拿大參與這場歷史性的簽署儀式。

歷史的幽默註腳

　　日本這份經過修改的投降文件如今陳列在日本江戶東京博物館，讓後人有機會一睹這段改變世界的重大時刻，卻也讓人不禁莞爾，即便在最偉大、最莊嚴的時刻，不完美也是故事的一部分。

　　或許這正是歷史的獨特魅力所在——它不僅是一連串的宏大事件，也是由無數個小插曲、人的情感與意外組成的織錦。科斯格雷夫上校這個「簽錯位置」的烏龍事件，成了在血與火交織的二戰尾聲，一個幽默的註腳。讓我們在回憶起那些艱難的歲月時，記住的不只是戰爭的殘酷與冰冷的統計數字，也能有幾分真實的人性與溫度。

密蘇里號戰艦甲板上的牌匾，標註了這場重大儀式當時簽署的位置，圖片取自dreamstime.com，拍攝者：Picturemakersllc

1945年9月2日美國戰機在密蘇里號戰艦的上空慶祝這次的簽署儀式，圖片取自Wikipedia，拍攝者：United States Navy

感謝魔鬼的幫忙？
中世紀唯一的《魔鬼聖經》

在中世紀那個連照明都還需要依靠燭光、知識保存大多仰賴手抄書本的時代，《魔鬼聖經》（*Codex Gigas*）大概是最令人震撼的一部手抄書了！不僅是因為它的體積龐大，是世界上現存最大、最重的手抄本，更因為它背後的傳奇故事——來自魔鬼的幫助，讓它成為世界上最神祕也最具吸引力的古老書籍之一。

什麼是《魔鬼聖經》？

《魔鬼聖經》是13世紀早期在捷克波希米亞地區製作的巨型手抄本，它被稱為「Codex Gigas」，意思就是「巨大的書」。這本書足足有 92 公分長、50 公分寬，厚度高達 22 公分，不只如此，就連重量也很驚人，重達 75 公斤，幾乎是一個成年男性的體重。根據相關研究，這本書不包含遺失的頁面，目前總共有310頁，初估至少使用了 160 隻驢子或小牛的皮才能製成。光是想像要把這樣一本大書從書架上拿下來翻個幾頁，可能就讓人覺得心累。

《魔鬼聖經》厚度多達22公分，
拍攝者：郭怡汝

傳說中與魔鬼訂下了契約

　　不過，魔鬼和聖經？這兩個這麼衝突的詞怎麼會放在一起呢？這就是《魔鬼聖經》最吸引人的地方了！《魔鬼聖經》不只是因為它巨大的體積和豐富的內容聞名，還有它背後的神祕傳說。

　　據說13世紀初，在捷克一所修道院中，有一位修士犯了滔天大罪，被判處最嚴酷的懲罰——被關進一個密閉的空間裡，通常是被封在牆內，讓他無法逃脫，最終痛苦地死去。為了避免這個悲慘的結局，修士向修道院長發誓，他要在一夜之內寫出一本前所未有的偉大著作來贖罪。當然，寫一本書需要花費巨大的時間和精力，更何況是這麼大的一本書。修道院長認為他絕對不可能完成這個任務，因此答應了他的請求。修士便開始拚命的寫，但是當午夜來臨時，修士知道自己根本無法在時間內完成這項任務。於是，他絕望

地向魔鬼祈求幫助，請求魔鬼幫助他完成這部書，而作為交換的，就是修士將把自己的靈魂交給魔鬼。

結果，這本書在一夜之間順利完成了，書中還出現了一幅巨大、令人不寒而慄的魔鬼肖像。讓人們堅信這本書肯定和魔鬼有著某種不可告人的聯繫，這也是《魔鬼聖經》這個名字中「魔鬼」的由來。

魔鬼 vs. 天堂

說到這裡，你肯定很好奇《魔鬼聖經》著名的魔鬼肖像長得是什麼樣子？這幅魔鬼的圖像又到底在哪裡呢？這幅畫位在《魔鬼聖經》的第290頁，是一個高達50公分的魔鬼形象，魔鬼面向讀者，身體呈蹲姿，手臂舉起，姿勢看起來詭異又動感十足，左右各四隻手指上還有鮮紅且尖銳彎曲的利爪。它有巨大的頭，臉部呈現暗綠色，頭髮捲曲如同帽子一般覆蓋在頭頂。此外，魔鬼的

《魔鬼聖經》中的魔鬼肖像，圖片取自Wikipedia，來源：Benedictine monastery of Podlažice

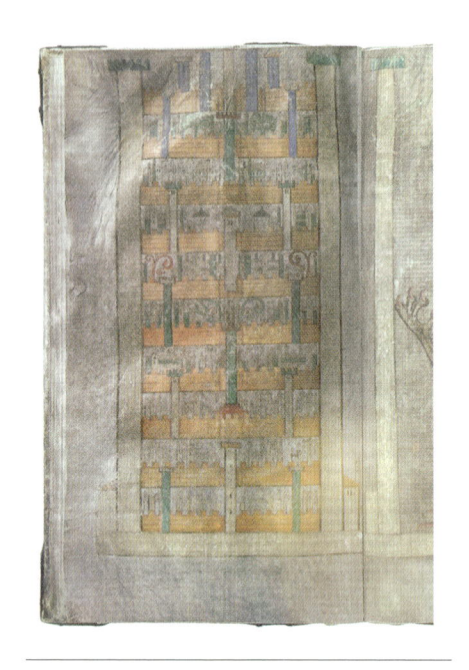

《魔鬼聖經》中描繪天堂的頁面，拍攝者：郭怡汝

雙眼渾圓，擁有紅色的眼珠子，嘴巴微微張開，露出尖銳的白牙，還有兩根紅色的舌頭從嘴角吐出，讓人聯想到蛇分叉的舌頭，而蛇在基督教中，正是撒旦的象徵之一。這隻魔鬼的樣子給人一種莫名的恐懼感，加深了人們對這本書不祥且陰森的印象。

不過，有趣的是，魔鬼肖像的隔壁頁，其實畫的是天堂的美景。天堂與魔鬼的對比，形成了善與惡、光明與黑暗的強烈對立。這種對峙的安排也讓人不禁思考，或許這本書的創作者是想要表達人類靈魂在善與惡之間的掙扎吧！這樣的設計不僅是宗教思想的體現，也為這本書增添了不少神祕的色彩。

《魔鬼聖經》中的其他頁面，拍攝者：郭怡汝

從《聖經》到驅魔咒語

　　當然《魔鬼聖經》可不只是一幅恐怖的魔鬼肖像，它的內容也相當豐富。既然書名有「聖經」兩個字，內容就少不了《聖經》啦！這本書主要包含了《聖經》的拉丁文版本，是當時教會與學者之間最重要的文本之一。然而，它也不僅僅是宗教書籍，裡面還收錄了許多世俗知識，包含中世紀的百科全書、猶太歷史，還有一些當時的醫學手冊和治療方式。除此之外，還包括了咒語！是的，你沒看錯，這本書中包含了幾頁魔法咒語，被認為具有驅除魔鬼或保護人們免受魔鬼侵

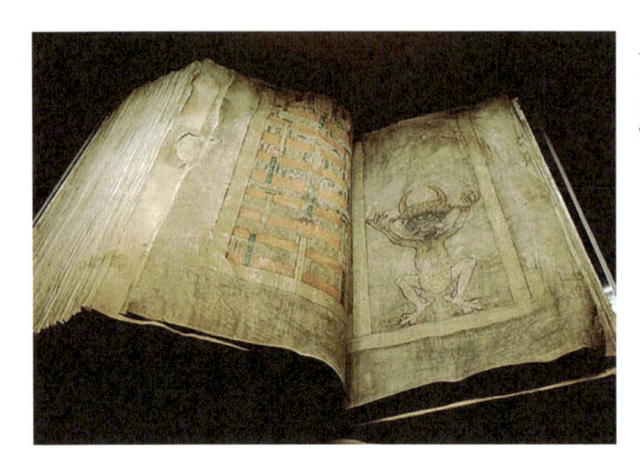

《魔鬼聖經》最著名的頁面為左頁天堂與右頁魔鬼的對照，圖片取自Wikipedia，拍攝者：Kungl

害的功用，這些咒語詳細描述了如何從人或物體上驅逐魔鬼，甚至還有幾個咒語跟召喚魔鬼有關。這些內容讓人不禁懷疑，這本書的真正用途是否與魔法有關？不過，歷史學家認為，書中這些咒語的目的應該主要還是保護人們不受到邪惡力量的侵擾啦。

書中的醫學和魔法內容，反映了中世紀人們對科學與超自然力量的模糊界線。在那個時代，醫學、魔法和宗教往往混雜在一起，人們相信咒語和符咒可治病救人，而這些神祕的知識也都被收錄在這本巨著中。

整整需要20年？

雖然這本書傳說來自於魔鬼的幫助，但它的真實歷史實際上與波希米亞的文化息息相關。當時的波希米亞位於現今的捷克，是一

PART 4 歷史上的意外與神奇傳說

個充滿知識和宗教氛圍的地區。波希米亞修道院的僧侶們擁有豐富的知識，這使得他們有能力製作這樣一部包含宗教與世俗知識的巨作，因此也有學者認為《魔鬼聖經》可以說是波希米亞宗教和文化的一部分，因為它記錄了當時人們的信仰、知識以及對魔鬼和天堂的理解。

那這本書的作者到底是誰？根據歷史學者的研究，書中的字跡非常一致，書法風格從頭到尾沒有變化，顯示出它確實是由同一個人所抄寫的。若是按照這位抄寫員的速度，要完成這本書大約需要 20 年的時間。很可能是一位名叫赫爾曼（Hermannus Heremitus）的隱士所撰寫。那麼，赫爾曼真的和魔鬼簽訂了契約，在一夜之間就完成了這本書，還是他真的花了20年、30年，甚至一輩子的時間在書寫這本書呢？

答案可能要讓很多期待神祕力量的人失望了，事實上赫爾曼很可

《魔鬼聖經》的外觀與裝飾細節，拍攝者：郭怡汝

能是一輩子都在寫這本書，而非傳說中在一夜之間完成。因為當時人們的壽命並不長，完成這樣一部巨作幾乎要花費一生的時間。不過，赫爾曼的寫作動機可能不僅僅只是完成一部巨著，還可能是在這段漫長的創作過程中，探索自己靈魂的救贖之路。也或許赫爾曼在思考：如果過著有罪的生活，那死後就會面對魔鬼和懲罰；但如果過著無罪的生活，死後就能拿到一張通往天堂的門票吧。

從波希米亞到瑞典

儘管這本書源於捷克，但目前其實展示在瑞典皇家圖書館（Kungliga biblioteket）裡。你可能會很好奇，為什麼這本書會跑到遙遠的北歐呢？這就跟這本書多舛的命運有關了。《魔鬼聖經》原本確實是在現今捷克境內的波希米亞地區製作，而且這麼特殊的一本書在當時已經被視為是世界的奇蹟之一。不只如此，隨著時間越久，名聲越大，成為了備受吹捧的書籍，這也讓很多人都覬覦這本書，想要把它占為己有，就連皇帝也不例外。

喜愛神祕主義而且以收藏各種奇異珍寶聞名的神聖羅馬帝國皇帝魯道夫二世（Rudolf II）就非常想要這本書，這位皇帝特別熱衷於收藏各式各樣稀奇古怪的生物標本、藝術品以及與神祕學有關的物品。這本書裡的魔鬼肖像無疑激發了他對這本書的興趣，渴望把這本書納為己有。於是到了 1594 年，他以「借用」的名義，把這本書借到了皇宮裡，然後理所當然地放入了自己的宮廷收藏中。

然而，《魔鬼聖經》的命運並沒有就此在皇宮裡過上好日子。1648年，瑞典軍隊在三十年戰爭中攻入了捷克，瑞典軍隊按照計畫洗劫了當地有名的寶物，包括了《魔鬼聖經》，許多貴重的藏品都被當作戰利品帶回瑞典。沒想到進到了瑞典皇宮的《魔鬼聖經》竟然還在1697年的時候遇上了皇宮大火，大部分皇室的書籍和藏品都不幸燒毀。不過，幸運的是，有一位機靈的皇宮人員在火災當時，將這本巨大的《魔鬼聖經》從窗戶扔了出去，據說意外砸到了在樓下的路人。儘管造成了書籍有部分在過程中受損，卻也讓這本書成功逃過了火災而保存了下來。雖然這件事讓許多人讚嘆這本書的神奇經歷，不過如果這本書是真的因為砸到了某人而幸運留存下來的

瑞典皇家圖書館的外觀照片，圖片取自Wikipedia，拍攝者：I99pema

話，或許我們也該感謝一下這個被書砸中的倒霉鬼。畢竟想像一下，一本與成年男性一樣重的書落在某人身上，對方可能也是受了重傷。不管怎麼說，自此以後，這本書便成為了瑞典皇家圖書館的重要藏品，至今仍然被妥善安全地保管著。

這本書真的有詛咒嗎？

《魔鬼聖經》各種神祕事蹟都讓人們對它充滿了各種猜測，還有人說《魔鬼聖經》受到了詛咒，任何接近它的人都會遭遇不幸。不過，這個說法很可能不是真的。畢竟，它已經在斯德哥爾摩的瑞典皇家圖書館裡保存了很長的一段時間，已經有成千上萬的人曾在圖書館的展覽中看過它，似乎還沒有任何詛咒降臨在這個地方和瀏覽過的觀眾身上。所以，下次如果你有機會親眼看到這本《魔鬼聖經》，請放心，你不會受到詛咒。除此之外，你還知道了這個人類歷史上最神祕和特殊的大書，實際上其實沒有跟魔鬼訂下契約啦。

《魔鬼聖經》目前展示於瑞典皇家圖書館，拍攝者：郭怡汝

大英博物館也有假貨！
傳說中的水晶骷髏頭

這篇要來介紹大英博物館（British Museum）裡一件有名的假貨！你沒看錯，世界級的博物館裡面竟然有擺放假的東西，這也是大英博物館過去被詐騙的證據，而且直到今天都還可以在展場看到它的身影，它究竟是誰？這當中發生了什麼事？怎麼連鼎鼎大名的博物館也會上當買下假的東西呢？

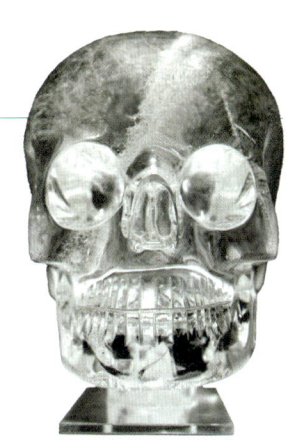

大英博物館展示的水晶骷髏頭正面，圖片取自Wikipedia

如果收集到13顆就能……

在大英博物館一樓，那座總是擠滿了遊客的摩艾石像附近，有一個小小的展櫃，裡面放著一顆晶瑩透亮的展品，它是本篇故事的主角——水晶骷髏頭。說到水晶骷髏頭，很多人腦海裡的第一個想法就是美國電影《印第安納瓊斯》的《水晶骷髏王國》。沒錯，有著驚悚人頭造型，同時又是透明水晶做成的骷髏頭，就是催生許多好

萊塢電影和冒險故事的重要元素之一。

相傳水晶骷髏頭跟墨西哥的古代文明「阿茲特克」有關，古老印地安文化的阿茲特克人有一個神祕的傳說，傳說有13個跟真人頭骨一樣大小的水晶骷髏頭，只要收集到全部，就可以知道人類文明起源和滅亡的奧祕。這個傳說故事聽起來有種要收集七龍珠的感覺，不過正因為這個傳說，加上人們對神祕未知文明的好奇心，也讓歐美許多有錢的收藏家和博物館都爭先恐後的想要拿到這種看起來很稀有、同時又有異國情調的水晶骷髏頭，就連大英博物館也不例外。

越神祕就越受歡迎的古文明

19世紀時，因為墨西哥脫離西班牙的統治，成功獨立建國，加上那時候有許多的墨西哥考古文物陸續出土，一時也讓墨西哥成為國際社會的焦點，墨西哥的考古文物在黑市的價格開始水漲船高，甚至出現了許多仿冒品。

阿茲特克文明的骷髏頭面具，圖片取自Wikipedia，來源：Walters Art Museum

不少歐洲人和博物館開始對墨西哥的古文明感到好奇，想知道他們被西班牙統治之前是什麼樣子。歐洲人把水晶骷髏頭跟中美洲過去的阿茲特克和馬雅文明聯想在一起，因為這兩個神祕富有的文明，不僅都有血腥的活人獻祭，而且從它們出土的考古文物來看，還可以發現許多骷髏頭的圖案，有的阿茲特克神明身上甚至還配戴人類頭骨當

作裝飾，更讓歐洲人相信水晶骷髏頭就是阿茲特克人的**寶藏**。

　　大英博物館的水晶骷髏頭是19世紀末從有錢的珠寶商人，也就是現在百貨公司常常看到的珠寶專櫃Tiffany&Co.手上買來的。當時的珠寶商告訴大英博物館，這個水晶骷髏頭一開始是由一個西班牙軍官從墨西哥帶回來的。由於過去的博物館對文物和骨董的來源還沒有嚴謹的考證態度，加上那時候歐美國家都很風靡墨西哥的文物，大英博物館知道他們如果不買下這顆水晶骷髏頭，一定馬上就會被其他博物館或有錢人買走。所以很快地，這顆水晶骷髏頭就進到了大英博物館，成為展覽的一部分，許多民眾都慕名而來，只為了來親眼看看這個傳說中的寶藏。

真相大白！結果竟是冒牌貨

　　過了一百多年，隨著科技的進步和累積了許多的研究成果，現在的博物館已經可以用最新的科學技術去確認這顆水晶骷髏頭到底是不是真的了。

　　大英博物館的研究人員用電子顯微鏡和X光檢查了水晶骷髏頭，他們發現，圓潤的水晶骷髏頭是用金屬機械工具製作的，而且牙齒似乎還是用珠寶切割機的輪子切割出來的，很有可能是出自19世紀一些以製作複雜石英工藝品聞名的德國地區工匠之手。

　　除此之外，這顆水晶骷髏頭的外觀並不像任何一個中美洲文明的藝術風格，加上它水晶的材質推測是來自巴西，過去完全沒有這種

《印地安納瓊斯：水晶骷髏王國》
的電影海報，圖片取自Wikipedia

礦物從南美洲交易到中美洲的考古證據，所以這顆水晶骷髏頭應該是19世紀末在歐洲完成的工藝品，而不是來自墨西哥古代文明的文物。換句話說，博物館被詐騙了，這顆水晶骷髏頭是假的。

假貨也能有新價值

不過，即使如此，仍然不影響這顆水晶骷髏頭的受歡迎程度，大英博物館依舊持續在展場中展示這顆骷髏頭，並且標註了這是19世紀末以後歐洲人製作的物品，還把它的故事寫在旁邊的解說牌上，讓觀眾去認識這個一開始被認為是古老文物，到現在我們知道它是一件近代精美工藝品的轉變過程。這跟大部分的博物館作法很不一樣，一般的博物館如果發現自家的東西是假貨，通常會默默把假貨收起來。大英博物館的作法給了水晶骷髏頭新的教育功能，畢竟假貨以前也是花了很多錢購買，如果只是收進庫房也蠻可惜的啦。不得不說，水晶骷髏頭的真正歸屬還是在冒險電影或是偵探小說裡比較好啊。

水晶骷髏頭近拍，側面，正面，拍攝者：郭怡汝

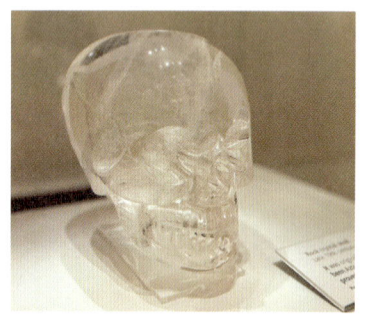

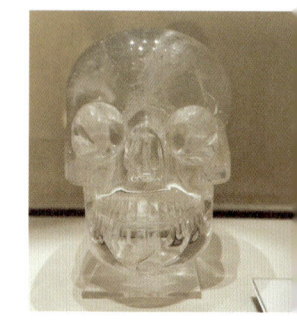

石馬玩意？！
暑假作業意外揭開斷足白馬的百年傳說

　　說到臺南的知名景點赤崁樓，許多人可能都去過，也對那裡有印象，但很少有人會注意到裡面那匹不起眼的石馬。別以為它只是一般的石頭雕像，就像廟前常見的石獅一樣，其實這匹石馬背後藏著滿滿的故事。它斷掉的前腳有著一段讓人又怕又好奇的「白馬精傳說」。更特別的是，這段傳奇竟然因為一個中學生的暑假作業被揭開，最後還變成了一場轟動一時的考古發現。

可怕的白馬精傳說

　　1933年的臺灣還處於日治時期，當時臺南第一中學（今臺南二中）的一位東洋史老師名叫前嶋信次，特別給學生出了一個與眾不同的暑假作業，主題是「關於鄉土歷史、傳說、迷信」。這個作業像是一場小型的考古冒險，讓學生們去挖掘身邊的故事。一位名叫

赤崁樓的石馬，圖片取自Wikipedia，
拍攝者：Pbdragonwang

小林悅郎的學生，對這個作業特別有興趣，他的父親當時在三崁店製糖會社工作，這是當地重要的製糖產業中心。三崁店和洲仔尾兩地相距不遠（兩地皆位於今日的臺南市永康區），小林悅郎常聽他爸爸提起附近洲仔尾一帶流傳的白馬精傳說，所以他決定以「白馬精」作為自己的作業內容。

　　洲仔尾一帶是農田密集的地區，居民之間相傳，晚上常有一匹白馬出現，祂會破壞農作物、器具，甚至會發出怪聲，大家都被嚇得晚上不敢出門。由於洲仔尾當地的農業背景和三崁店的製糖產業息息相關，因此也讓這樣的傳說很快就在鄉間與小鎮間傳開，吸引了許多人關注。

　　居民為了解決白馬精的問題，便偷偷觀察白馬的足跡，最後，發現祂總是消失在曾經協助清朝平定林爽文事件的義勇首領鄭其仁的墓地前。這座墓前有兩匹石馬，雕刻得栩栩如生，就像是真的白馬一樣。大家猜測，白馬精可能就是石馬化成的妖怪，於是決定打斷石馬的腿，並將它們埋進土裡，希望這樣可以制服白馬精。果然，石馬被埋起來後，白馬精便不再出現了。

當地人紛紛猜測白馬精的來歷。有人說，白馬原本是鄭成功墓前的守護石馬，後來被移到鄭其仁的墓前，可能是石馬不願意守護新的墓主人，才生氣地變成了白馬精，到處搗蛋發脾氣；也有人說，石馬吸收了靈氣，久了之後有了自己的靈性，便化作白馬精在村裡作怪，就是不想一直待在墓園裡，才導致了這些靈異事件的發生。

一份暑假作業掀起的考古冒險

沒想到小林同學這個白馬精的傳說成功引起了前嶋老師的興趣。他召集了一群對地方歷史有興趣的學者、專家和熱心人士，一行人按著小林同學的描述，來到了永康洲仔尾的荒野。

那年夏末，他們仔細閱讀了學生描述的線索，推測石馬應該埋在鄭其仁的墓附近，再結合墓碑上的記載和當地耆老的口述傳說，選定了挖掘的目標範圍。他們先找到一根石柱，接著在石柱不遠處的沙土裡，真的發現了一匹長六尺、高四尺的石馬。果然，這匹石馬的前腿都被打斷，和村民斷腿驅白馬精的故事不謀而合。這場考古冒險讓大家驚嘆不已，也為地方傳說增添了一份真實感。

斷腿石馬的多重謎團

出土後的石馬被搬到了安平史料館展示，後來又輾轉移到赤崁樓，至今仍在文昌閣下，向遊客默默講述它的故事。而它的「兄

弟」——另一匹石馬，則在 1976 年被挖出來，現在擺放在臺南鹽行天后宮的後方。雖然這兩匹石馬分隔兩地，但都有一個共同點，那就是它們前腿都被打斷了。

儘管當地傳說認為是村民為了驅趕白馬精而打斷石馬的腿，但有學者提出另一種說法，認為其實可能是林爽文子弟兵後代做的報復行為。因為鄭其仁是協助清軍平定林爽文之亂的義軍首領，而林爽文的後代可能為了報復或怨恨，就破壞了石馬。不論真相如何，這兩隻斷腿的石馬直到今天依然散發著耐人尋味的傳奇魅力。

傳說與歷史的融合

如今，這兩匹石馬已經是臺南歷史重要的文化資產。回頭想想，如果沒有小林同學的那篇暑假作業，白馬精的故事可能永遠只能停留在村民的口耳相傳中，而無法成為一場考古發現。這段融合了歷史、傳說與人們想像力的斷足白馬故事，讓一件普通的文物有了更深層的文化意義。無論你相信傳說還是科學，看著石馬破損的雙腿，可能仍然會忍不住想像當年那匹「白馬精」在夜晚奔跑的模樣。

如果有機會造訪臺南，不妨走進赤崁樓或鹽行天后宮，看看這兩匹石馬，親身感受這段充滿謎團和魅力的歷史。畢竟，誰能想到，一份簡單的暑假作業，竟能牽引出如此精采的故事呢？

鹽行天后宮的石馬，圖片取自Wikipedia，
拍攝者：Pbdragonwang

赤崁樓的石馬側面，拍攝者：郭怡汝

喝茶喝到被滅團？！
英國戰車上的必備單品
車載電熱器

談到英國人愛喝茶，就像臺灣人離不開珍珠奶茶一樣，有統計資料曾說英國人每天喝掉大約一億杯茶，一年將近360億杯！光看數字就可以知道喝茶對英國人來說有多麼重要，也代表了茶是英國文化不可分割的一部分。

從一般的工人到老派紳士，超過三分之一的英國人每天會喝上三五杯的茶，甚至下午茶這個傳統就是起源於英國，因此也常常有老一派的英國人說「你絕對不能把茶跟英國人分開來談！」，這句話所言不假，英國人對茶的執著跟他們的歷史息息相關，就連一些發明和文物都跟「茶」脫離不了關係。

英國經典的奶油茶組合，圖片取自 Wikipedia，拍攝者：Tuxraider reloaded

戰場上也無法妥協的愛（茶）

在英國國家陸軍博物館（National Army Museum）裡，有一個非常特殊的展品——一個看起來平凡無奇的方形裝置，叫做「車載電熱器」（Boiling Vessel），簡稱「BV」。如果你以為這只是一個簡單的熱水壺，那你就大錯特錯了。這可是英國坦克車裡最重要的設備之一。對於英國士兵來說，車載電熱器幾乎比他們的武器還要來得重要，因為它解決了他們在戰場上最大的問題之一：如何在坦克裡泡上一杯熱茶，還有加熱食物。

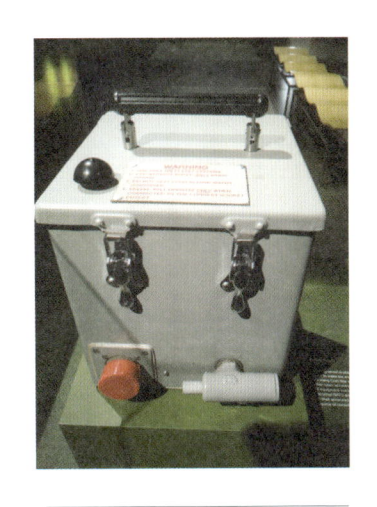

英國國家陸軍博物館裡的車載電熱器，圖片取自Wikipedia，拍攝者：Tallmale188

發明這個裝置的原因一部分就起源於英國人的愛茶，而且與世界大戰這種危急存亡的時刻有關，因為正是在這種生死交關的情境下，才能感受到英國人骨子裡對茶的不離不棄。在世界大戰的時候，英國坦克裡的士兵們面臨了一個大問題：他們無法在戰車內煮水或加熱食物。換句話說，每當他們想要來杯茶或吃點熱食時，都必須從坦克裡爬出來，拿著簡單的汽油爐或是用改造過的油桶（稱為「班加西火爐」（Benghazi burner））來生火煮水。在戰場上這可不是一件容易的事，尤其在戰爭激烈的時候，這種行為簡直是送

命的豪賭，畢竟敵人可不會因為你想泡杯茶就放過你！

但是，士兵總是要休息，而休息對英國人來說，泡茶尤其重要，這段人車分離的時間就成了英國軍隊的一個破綻。最有名的例子就是二戰期間，德國納粹的戰車王牌米歇爾·魏特曼（Michael Wittmann）曾經率領一小支隊伍，奇襲了英國在法國境內的一個據點。他指揮的一輛坦克單槍匹馬，只花了15分鐘就摧毀了英國軍隊多達14輛坦克、15輛裝甲運兵車和2門反戰車砲，幾乎讓整支英國軍隊全軍覆沒，原因就是當時英國軍人在喝早茶和休息補給……

車載電熱器正式問世

這場慘劇讓英國軍方痛定思痛，認識到讓士兵在戰場上離開戰車泡茶實在是太危險了。於是後續在研發新的坦克時，設計師們就加入了一個簡單但非常實用的裝置，也就是車載電熱器，白話來說就是方形的電熱水壺啦。

這個裝置直接連接坦克的電力系統，讓士兵們可以在車內安全地加熱水源，而不用冒著被狙擊的危險跳出戰車去泡茶，甚至還可以加熱食物袋或罐頭，在寒冷的天氣裡為士兵們提供溫暖的飲食。因此，對於在狹窄戰車內長時間作戰的英國士兵來說，能喝上一杯熱茶、吃上一頓熱飯的車載電熱器，無疑是能提升士氣和緩解鄉愁的重要工具，也成為英國戰車必備的設備之一！

據說美國過去曾推出一輛新型戰車，邀請英國盟友到現場來看。

在美國人滔滔不絕地講著這輛新戰車有多強時，英國軍官只問了「裡面有沒有車載電熱器？」，當美國人回答沒有後，英國軍官丟下一句「沒有？這坦克眞垃圾」就頭也不回的走了。不管這故事是不是眞的，可以確定的是，車載電熱器在英國士兵心中可是有如日常必需品「茶壺」的神聖地位，而且英國人對茶是確確實實的眞愛，他們愛喝茶的程度，有時候甚至讓人懷疑，他們體內流的是茶水，而不是血液。

茶比彈藥重要！

值得一提的是，把英國人「視茶如己」的習慣作為攻擊英國人的破綻和重挫英國人銳氣的方式，歷史上還眞不少人做過。雖然攻擊茶葉等於攻擊英國人的說法聽起來有點好笑，但事實證明，英國人是眞的會因為茶而跟你生氣的。

舉例來說，美國脫離英國獨立前的重要事件「波士頓茶葉事件」，就是美國人把一箱又一箱的茶葉倒進波士頓港，讓英國政府氣到跳腳，後來爆發了革命，也促成了美國的誕生。此外，二戰期間，德國納粹爲了羞辱英國人，還曾想出了「不要讓英國人喝茶」的方式，所以在1940年到1941年的閃電戰中，德國多次轟炸倫敦的茶葉中心明辛巷（Mincing Lane），這也讓英國眞的受到了衝擊，只隔了一年（1942年）英國政府就向全世界不是敵人、而且有賣茶的地方都下了訂單，有多少茶葉他們就買多少，直接讓茶葉成為英

國政府戰時前五大的官方採購物資，僅次於子彈！

傳聞當時的英國首相邱吉爾（Winston Churchill）還曾說出「茶比彈藥更重要」的名言，並且下令讓海軍船艦上所有的水手都可以無限量的喝茶，要喝多少就有多少。就連戰爭期間配給民眾的物資，都還可以讓英國人每天喝上三杯茶，就是要告訴他們的死對頭德國納粹，要怎麼炸我們都沒關係，反正我們還是能優雅的喝茶給你看。英國人甚至還拍下坐在被德國炸毀的廢墟上悠哉喝茶的照片，就問德國人看到氣不氣。

戰車裡的英式浪漫

英國人對茶的熱愛有目共睹，甚至在戰場上都無法妥協。這份愛好既讓他們付出了慘重的代價，也促使了戰車技術的進步。如今，車載電熱器已經成為了英國坦克的標準配備，並且被世界各國的軍隊爭相採用。這或許是英國人對軍事裝備的一個小小貢獻，但從某種意義上說，也是一種對生活品質的堅持。畢竟，無論是在和平時期還是戰爭年代，一杯熱茶都能讓人感受到剎那的溫暖與安慰。

無論你是否理解英國人這種對茶的狂熱，車載電熱器的故事無疑是歷史上一個充滿趣味又不失深意的篇章。下次當你看到坦克時，別忘了這臺鋼鐵巨獸裡，可能還藏著一個讓士兵們能在硝煙中享受片刻寧靜的「祕密武器」——一壺熱騰騰的茶。

1. 描繪波士頓茶葉事件的插圖，顯示美國人把茶葉傾倒到海裡，圖片取自Wikipedia，作者：W.D. Cooper
2. 士兵們在野外泡茶的情景，圖片取自Wikipedia。來源：National Library of Scotland
3. 英國士兵在北非的軍隊還配有提供茶的茶車，圖片取自Wikipedia
4. 英國士兵與美國士兵一起喝茶的照片，圖片取自Wikipedia
5. 英國婦女在閃電戰後的廢墟中喝茶，圖片取自Wikipedia

PART 5
自然動物界的傳奇與不可思議

讓科學家一度懷疑人生的神祕生物？
澳洲的鴨嘴獸標本

當鴨嘴獸標本第一次被送到歐洲時，這隻有著鴨子嘴巴、毛茸茸身體、河狸尾巴、腳掌帶著蹼，還一臉長相奇怪的小眼睛生物，讓歐洲許多科學家都驚呆了！牠是真的嗎？還是一個精心設計的騙局？

確定不是惡作劇嗎？

18世紀末，英國動物學家，同時也是大英博物館（後來分出來成為倫敦自然史博物

英國劍橋大學動物學博物館裡的鴨嘴獸標本，圖片取自Wikipedia，拍攝者：Em ke Dénes

1799年第一個以科學視角描繪鴨嘴獸的插圖，圖片取自Wikipedia，作者：Frederick Polydore Nodder

館）的自然藏品研究人員喬治・肖（George Shaw），收到了一個來自澳洲的「驚喜包」。這份包裹的內容讓他大吃一驚——一張看起來像是由幾種不同動物拼接而成的奇怪毛皮。或者更準確的說，是個由鴨子嘴巴和動物毛皮組合而成的混合體。在這之前，其實這種動物的毛皮和插圖就曾經被送到歐洲，不過大部分的人第一眼看到這種奇怪動物時，只覺得是在鼴鼠屍體上縫上鴨子嘴巴的惡作劇罷了。

「這八成是某個狡猾的亞洲標本剝製師搞的鬼吧！」肖當時可能這麼想著，然後他拿起剪刀開始檢查這張毛皮有沒有縫線的痕跡，畢竟當時的科學界可是到處充斥著惡作劇和偽造的奇葩標本。

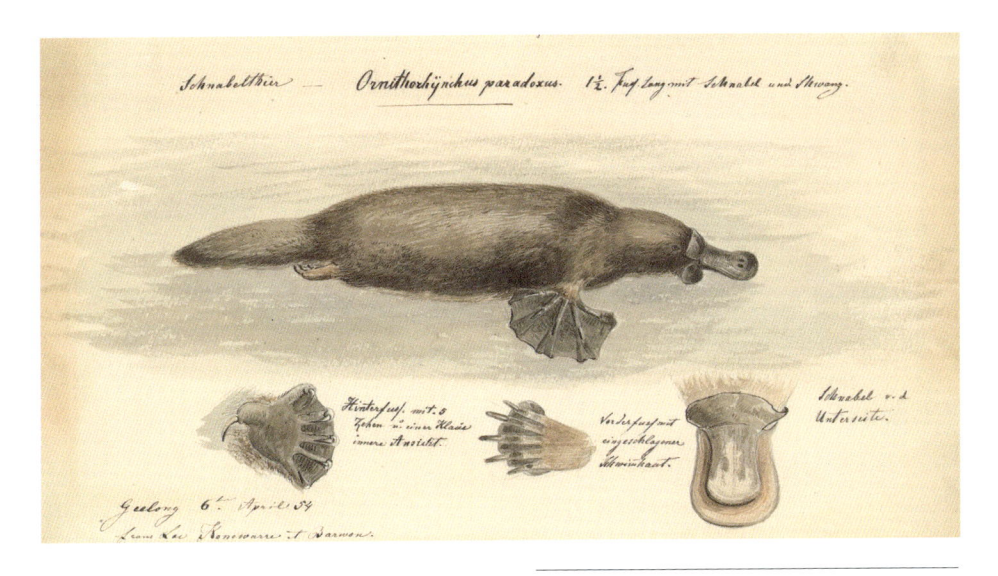

1854年繪製的鴨嘴獸插圖,圖片取自Wikipedia,作者:Eugen von Guérard

光是這張毛皮經過印度洋船隻運送到英國的這個過程,就足以引起科學家的懷疑。因為當時的歐洲人知道,亞洲有許多不肖商人經常以話術販售各種人造工藝品,然後謊稱是當地的奇異動物,把歐洲探險家騙得一愣一愣的,例如上半身是猴子,下半身是魚的斐濟美人魚就是一個例子。所以當鴨嘴獸這種新奇的動物毛皮第一次被帶回歐洲時,科學家和動物學家們的第一個反應是「這其中肯定有詐!」,也就不讓人意外了。

但無論肖怎麼剪、怎麼看,這個有著鴨嘴的動物毛皮似乎找不到任何手工縫合的跡象。這件事讓他感到困惑不已。難道這真的是一種從未見過的動物嗎?與此同時,有科學家因為帶了鴨嘴獸標本回

澳洲的特有種鴨嘴獸，圖片取自Wikipedia，
拍攝者：Charles J. Sharp

去展示，被其他科學家嘲笑他被騙了還不知道，讓這位科學家覺得顏面掃地，甚至還被相同專業組織的人說除非帶一隻活的鴨嘴獸給大家看看，否則就不許這位科學家回來組織裡，可見奇妙的鴨嘴獸對當時的歐洲人來說有多衝擊。

不過，隨著越來越多鴨嘴獸的消息、毛皮還有圖畫從澳洲傳回了英國，肖和許多研究學者開始接受了這個可能性──這個奇特的生物可能真的是自然界的一部分，而不是異國商人特別做來騙錢的商品。

科學家們頭大了：這到底是什麼東西？

就這樣，這個看似胡鬧的標本被正式命名為「Platypus anatinus」，意思是有扁平腳的鴨子。但是等一下，事情可沒那麼簡單，沒想到「Platypus」這個名稱早就已經被一種昆蟲給註冊了。於是，鴨嘴獸不得不改名，變成了「Ornithorhynchus anatinus」，這名字的意思是「有鳥嘴的扁平腳」。沒錯，就這麼一個名字命名和變更的過程，讓鴨嘴獸正式進入了正經的自然科學研究範疇，不再

被認為是招搖撞騙的世紀騙局之一。

　　故事當然不會就這樣結束了，事實上取完名字之後才是真正考驗的開始。鴨嘴獸這個奇怪的生物，在接下來的百年裡，成了科學家和動物學家爭論不休的話題。首先，專家們必須弄清楚：這到底是什麼東西？有人說鴨嘴獸是爬行動物，因為牠會下蛋；也有人說牠是哺乳動物，因為牠有毛，還會餵奶；還有人說牠可能是個混血怪物，類似古代傳說中的獨角獸等級，鴨嘴獸的身分成了科學界的一大謎團，這幾乎要把專家們給逼瘋了，情況從糟糕變成難以理解。於是，鴨嘴獸成了當時科學界的頭號難題，許多專家都被這個無法理解的奇怪生物弄得團團轉。

　　這時候，有位年輕的蘇格蘭動物學家威廉・海・考德威爾（William Hay Caldwell）站了出來，在那個凡事都講求證據的科學時代，他決定要親自解開鴨嘴獸究竟是不是哺乳類的謎團。為了弄清真相，他決定越過大半個地球，前往澳洲一探究竟。考德威爾順利到了澳洲，並且雇用了許多當地的原住民協助尋找鴨嘴獸的巢穴。第一年只花了三個月的時間，光一個池塘就有七十隻母鴨嘴獸被他殺了，最終才找到了鴨嘴獸的蛋。這一個發現終於證實了鴨嘴獸確實是一種產卵的哺乳動物，才平息了科學界長達近一個世紀的爭論。

1863年彩色印刷的鴨嘴獸插圖，圖片取自Wikipedia

第二次世界大戰的英國鴨嘴獸「溫斯頓」

　　歐洲人對鴨嘴獸的迷戀可沒有就此停止，說到最有名的事蹟就不能不提到第二次世界大戰的英國首相邱吉爾。儘管當時正值戰爭期間，海上充滿了被德國納粹潛艇攻擊的風險，不過邱吉爾仍在1943年親自發了封電報給澳洲總理，希望澳洲可以送六隻活生生的鴨嘴獸到英國。雖然當時澳洲有嚴格的法律規定鴨嘴獸不可以離開澳洲，但澳洲總理決定破例送一隻鴨嘴獸到英國給邱吉爾。

　　這隻被精挑細選出來的雄性鴨嘴獸被取名為「溫斯頓」，和英國首相的姓氏一樣，並且受到了無微不至的照顧。牠在澳洲接受了專業的訓練，好讓牠可以做好長途旅行的準備，還擁有一名專業船員每天負責餵食牠需要的700條蚯蚓。就連倫敦動物園也為牠準備了專門的棲息地，甚至計畫發動媒體活動來號召英國民眾幫忙提供大量的蚯蚓，以維持「溫斯頓」的食量。

　　可惜的是，這隻鴨嘴獸最後沒能順利抵達英國。儘管船隻通過巴拿馬運河並且橫渡了大西洋，然而，在距離利物浦只剩四天的時候，船隻遭到了德國潛艇的攻擊。雖然船員們都順利活了下來，但鴨嘴獸溫斯頓被發現不幸死在箱子裡。獸醫們推測可能是由於船隻在防禦時使用了深水炸彈，巨大的爆炸對牠嘴巴上超級敏感的電感受器來說太刺激了，讓牠難以承受。此外，牠可能也在航程中因為食物不足而變得虛弱，使得這可憐的小傢伙成了這場戰爭中唯一的傷亡者。

這段奇特的二戰鴨嘴獸歷史雖然以失敗告終，不過可以知道的是鴨嘴獸對於歐洲人，尤其是英國人來說，仍然充滿著神祕又迷人的魅力。

可愛特殊的鴨嘴獸在博物館

當然鴨嘴獸特別的地方還不只這些，除了牠很可愛之外，鴨嘴獸跟海豚一樣會電磁感應，透過感應獵物的電場來探測周遭獵物的位置。雖然牠會下蛋，也沒有明顯的乳頭，可是牠卻會分泌乳汁哺育小鴨嘴獸。最特別的是牠還有毒！如果你在交配季節遇到一隻雄性鴨嘴獸，你可要小心，因為雄性鴨嘴獸的每條後腿上都有一個與毒液分泌腺體相連的刺！不過儘管這可愛的小傢伙有毒，但是目前還沒

1890年代用鴨嘴獸毛皮製作的衣物，目前典藏於澳洲維多利亞國家美術館，圖片取自Wikipedia，拍攝者：Leighblackall

收藏於愛爾蘭國家博物館（自然史博物館）的鴨嘴獸標本，圖片取自Wikipedia，拍攝者：Illustratedjc

有人因為被鴨嘴獸刺到而死亡的紀錄啦。不只如此，當鴨嘴獸這個棕色的小生物被放在紫外線下時，還會發出藍綠色的螢光，是不是很特別呢？雖然特別的可能還包含了那些會把牠們放在紫外線下而發現這件事的人吧。

就這樣，來自澳洲的特有種鴨嘴獸因為牠的獨特性，成為了重要的研究對象，牠也逐漸被收集並展示在各大博物館中。從人們早期對牠的反應「這不會是真的吧？」到後來的「哦，牠實在是太酷了！」，鴨嘴獸標本見證了科學界從懷疑到驚嘆的轉變。無論是英國的自然史博物館還是世界其他地方的動物園和博物館，鴨嘴獸都成為了展品中的一大亮點，吸引著來自世界各地的觀眾駐足欣賞。

回想起來，這個可愛又奇異的小動物，曾經讓一群頂尖的科學家們想破頭也無法理解，甚至懷疑自己的理智。鴨嘴獸的故事告訴我們，有時候，看似不可能的事情，往往只是因為我們還不夠了解牠。有機會走進博物館，看到玻璃櫃裡靜靜躺著的鴨嘴獸標本時，不妨想像一下過去的情景：一群學者圍在一起，拿著放大鏡和剪刀，試圖揭開這個神祕生物的真相。而現在你知道了，鴨嘴獸可不是什麼世紀大騙局，而是大自然裡最珍貴奇妙的禮物之一。

海中的獨角獸！
一角鯨據說萬能的「角」

當你在冰冷的北極海中航行，看到了一隻有著長長螺旋狀尖角的生物出現在海上，你會不會以為自己遇見了傳說中的獨角獸？這可不是幻想，牠就是被稱作「海中獨角獸」的奇特生物「一角鯨（Narwhal）」！牠那

一角鯨的樣子，圖片取自Wikipedia，拍攝者：пресс-служба ПАО "Газпром нефть"

根長長的「角」，讓一角鯨比世界上任何一種生物都還要接近傳說中獨角獸的樣子，這也讓牠不僅在自然界裡是非常獨特的存在，還曾在歷史上掀起了不小的波瀾。這根角的背後不只有神祕的故事，還有人類對它近乎瘋狂的迷戀，曾經是許多王公貴族瘋狂追求的珍品。

17世紀畫家筆下的獨角獸，圖片取自Wikipedia

神祕的北極海獨角獸

一角鯨是一種生活在嚴寒北極水域的鯨魚，由於牠們不容易被馴養，所以至今仍是少數未被人類完全了解的海洋生物之一，充滿了神祕感。一角鯨最引人注目也最為人所知的，就是頭上有根長長的「角」，這也讓牠們被聯想成是神話故事裡奇幻又神聖的獨角獸。但也正因為這樣，牠們成了維京人和北歐人眼中的搖錢樹，維京人和北歐人在過去會捕捉一角鯨，再把牠長長的「角」賣給歐洲人甚至是亞洲人。因為許多地方的傳說故事裡大多有獨角獸的存在，這也讓一角鯨的角被商人當作稀有商品「獨角獸的角」販售給世界各地的有錢人，成為政商名流等富豪們搶破頭的珍貴寶物。

獨角獸的角被認為具有治療功效，常被作為藥房的標誌，圖片取自Wikipeia，收藏於Science Museum

是牙，不是角！

先讓我們把「角」這件事搞清楚，一角鯨這根螺旋狀的「角」其實是牠外露的牙齒。一旦牙齒長到了上嘴唇外面，就可以長達2到3公尺，重量甚至可以超過10公斤。由此可知一角鯨的牙不像我們一般熟悉的動物，牙齒是排列生長在嘴巴裡，而是可以部分突出到嘴

巴外，形成像是頭上長角的樣子。有趣的是，少數雄鯨（還有極少數雌鯨）會發展出雙長牙，就像是極其罕見的「雙角獸」。

你可能會問：「這麼大的牙齒到底有什麼用呢？」過去的科學家有很多有趣的假設。有些人曾經認為這根牙是用來在冰上打洞的工具，可以讓一角鯨在冰層上呼吸，也有人覺得這是專門用來打架爭奪配偶和領域的武器，用來展示雄性的地位。還有人開玩笑說，這根牙是長矛，專門用來刺穿魚類以捕捉食物。事實證明，其實一角鯨的牙是顆「敏感性牙齒」，也就是一個超級靈敏的感測器，能夠感知水中的鹽度、溫度和壓力變化。因此，一角鯨就像是一座會移動的海洋氣象台，透過長牙就能感應到周圍環境的變化。不只如此，這些長牙多半用於社交活動，一角鯨之間會用觸碰長牙來傳遞訊息，而牙齒較長的雄性通常比較容易吸引到異性，這讓我們不得不感嘆，這根牙不僅長得特別，而且還挺有浪漫色彩的呢！

英國倫敦自然史博物館收藏了一個具有「雙牙」的一角鯨頭骨，圖片取自Wikipedia，拍攝者：Gary Todd

一角鯨的角其實是牙齒，內部為中空，圖片取自Wikipedia，來源：Wellcome Collection gallery

1820年繪製的雄性一角鯨，圖片取自Wikipedia

貴族間流行的救命法寶

不過,就算一角鯨的長牙神似獨角獸的角,這也不足以說明為什麼一角鯨的長牙會讓那麼多的有錢人為之瘋狂,除了作為炫富的工具之外,莫非還有什麼神奇的魔法或功效嗎?這就得讓我們回到中世紀的歐洲了。那時候,獨角獸被視為神祕又聖潔的生物,因此大家都相信牠的角具有神奇的治癒力量,能解毒、治病,甚至還可以防止中毒,堪稱萬用的救命法寶。

當時王公貴族之間的權力鬥爭激烈,不僅要擔心外來的敵人、虛情假意的朝臣,還要煩惱隨時想要篡位或是奪權的家族成員,因此這些皇室貴族完全有理由不斷擔心自己的生命安全。其中,有一種暗殺形式特別讓他們感到害怕,那就是無聲、看不見的毒藥。

所以對那些時常擔心自己會被投毒的國王與貴族來說,獨角獸的角不只是奢侈品、身分地位的象徵,還被視為是能夠保護他們免於被毒害的救命法寶與護身符。過去曾有法國君主把被視為獨角獸角的一角鯨牙齒做成每天吃飯所使用的餐

維也納藝術歷史博物館收藏了用一角鯨牙齒製作的杯子,圖片取自Wikipedia,拍攝者:Dr. Alexey Yakovlev

過去人們對一角鯨的想像圖,圖片取自Wikipedia

具，就連英國女王伊莉莎白一世（Elizabeth I）也把一角鯨的牙齒改造為杯子，用來淨化自己每天喝的水，避免被毒害。這也讓一角鯨的牙被認為能夠治百病，從麻疹到腸胃病等，都能靠這根牙製成的「藥粉」來治癒。就這樣，一角鯨的長牙被賦予了許多神祕的力量，成為了防毒神器！

黃金價格的十倍

「獨角獸角」是萬靈藥的名聲也使得一角鯨長牙的價格跟著水漲船高，北歐商人與維京人當時是這場貿易的主要推手，他們將一角鯨的長牙透過話術包裝成獨角獸的角，把這些牙齒從北極帶到歐洲市場，再用高到嚇人的價格出售給有錢人。根據文獻的記載，一支一角鯨牙齒的價格一度高達黃金的十倍！

最經典的例子就是英國女王伊莉莎白一世，她曾花了相當於一座城堡的錢（約1萬英鎊，大約是今天200萬英鎊的價值）買了一根鑲滿珠寶的一角鯨長牙當權杖。據說這根權杖不僅象徵著她的王權，還能保護她免於被毒害。不只如此，奧地利皇帝還曾用兩根一角鯨的長牙來償還龐大的國債，這些都顯示了這根牙在當時的珍貴程度。

由於各地皇室貴族對一角鯨牙齒的需求，也使得坊間出現了許多的冒牌貨，像是用山羊角偽裝成一角鯨的牙。英國女王伊莉莎

用一角鯨長牙製作並且鑲滿珠寶的權杖，圖片取自Wikipedia，拍攝者：MyName (Gryffindor) stitched by Marku1988

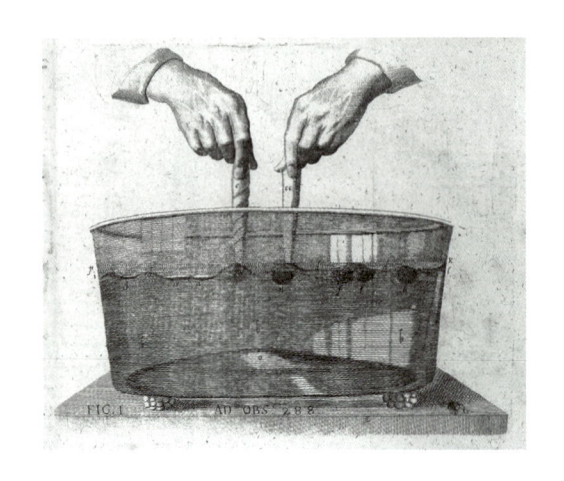

過去的人把一角鯨的角當作獨角獸的角進行實驗，圖片取自Wikipedia，來源：Wellcome Collection gallery

白的繼任者詹姆斯一世（James I）國王為了證實自己是否拿到了真正的「獨角獸角」，曾經在購買了一個特別昂貴的角後，給自己的僕人下毒，然後再把買來的角磨成粉製成解藥，給被下毒的僕人服用，如果僕人被毒死，那詹姆斯就會認為自己被欺騙，買到了假貨。

當然詹姆斯的測試方法在現在的我們聽起來有點荒謬，畢竟我們知道一角鯨的長牙本來就不具有任何的解毒功效，但也證明了那時的人對「獨角獸角」的迷信到底有多瘋狂。看來，當時困難的不只是如何分辨真的假的一角鯨長牙，就連要當國王的僕人也是非常不容易。

從科學破解的神話到博物館裡的珍品

不過，隨著科學的進步，獨角獸角的神話開始被揭穿，到了17世紀，丹麥學者奧萊・沃姆（Ole Worm）在一次公開演講中證實，這些「獨角獸的角」其實是來自一角鯨，只是當時的人並沒有馬上就接受這種說法。事實上還要等到18世紀，包含英國醫生在內，人們

才開始不再將「獨角獸的角」當作一種長生不老藥或是萬靈丹。

然而，儘管真相大白，一角鯨的長牙仍是珍貴的收藏品，特別是在各大博物館中。今天，我們可以在世界各地的博物館中看到一角鯨的長牙，這些牙齒常常被展示作為自然歷史與人類想像力的見證，例如在紐約的大都會藝術博物館（The Metropolitan Museum of Art）和丹麥國家博物館（National Museum of Denmark），都可以看到保存完好的一角鯨長牙，有些甚至還鑲滿了珠寶，顯示出當時貴族對這些神祕物品的熱愛。

一角鯨的角與人類的奇妙聯繫

從中世紀的獨角獸神話到現代科學的探索，雖然一角鯨的長牙已經被科學證實不是什麼神奇的獨角獸角，但它依然在博物館裡占有一席之地，見證著人類過去對於奇幻生物的迷戀。

儘管這些長牙褪去了魔法光環，但它們的故事仍然讓人忍不住會心一笑。想想過去那些貴族花了大把的銀子只為了買到一根「防毒神器」，沒想到其實根本沒有什麼超能力，只是一根超貴的牙齒而已。話說回來，當年那些王公貴族如果知道了真相，不知道會不會哭出來呢？

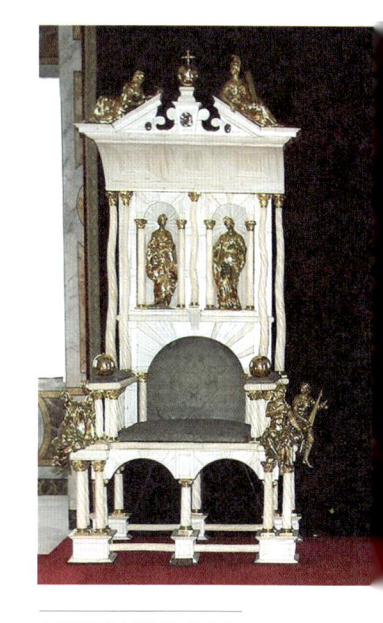

丹麥國家博物館收藏了用一角鯨牙齒製作而成的王位，圖片取自Wikipedia，拍攝者：Sven Rosborn

偷工減料？
供不應求的古埃及動物木乃伊

　　古埃及這個神祕的文明不只以金字塔、法老和木乃伊聞名，還有一個鮮為人知的產業——動物木乃伊。你沒聽錯，古埃及不僅會將人類製作成木乃伊，也會製作大量的動物木乃伊，讓動物陪著古埃及人走向永恆的來世。只是，當我們以為動物木乃伊裡一定會有完整的動物屍體時，事實可能會讓你跌破眼鏡。

大英博物館收藏的古埃及動物木乃伊，圖片取自Wikipedia，拍攝者：Mario Sánchez

　　在一系列X光與電腦斷層掃描（CT）技術的幫助下，研究人員發現，不少古埃及的動物木乃伊裡竟然是空的！裡面什麼都沒有，連骨頭都找不到！這樣的發現讓我們不禁懷疑，難道古埃及人在三千多年前就開始做偷工減料的生意了嗎？

19世紀藝術家重現古埃及人祭祀貓木乃伊的場景，圖片取自Wikipedia

動物也要做成木乃伊？

古埃及人會將動物製作成木乃伊有許多原因，其中一個原因是這些動物為死者生前的寵物，寵物主人過世後，牠們會被製作成木乃伊陪葬，跟著主人一同前往來世。此外，有些則是作為死者前往來世的食物，好讓死者在路上不會餓肚子。不過，大多數的情況是作為宗教祭品進獻給神靈。

事實上許多動物在古埃及文化中，被視為是神靈的化身與象徵，像是鱷魚代表著鱷魚神索貝克，而聖䴉則是智慧之神托特的化身等。信徒們相信，如果能將這些神聖的動物製成木乃伊，就能獲得神明的庇佑與祝福。因此動物木乃伊也是神聖的祭品，包含小狗、小貓、鱷魚、鳥類、狒狒和其他各種動物，代表著人們對神明的敬意，就像我們今天去廟裡會帶著供品一樣。古埃及人會帶著動物木乃伊到神廟裡，作為獻給神明的祭品。不過不一樣的地方是，最後這些動物木乃伊會被神職人員收集起來後埋葬。

埃及聖䴉，圖片取自Wikipedia，拍攝者：Gerrie van Vuuren

埃及聖䴉與信徒的青銅雕像，圖片取自Wikipedia，拍攝者：one_click_beyond

古埃及人認為聖䴉是智慧之神托特的化身，圖片取自Wikipedia

古埃及的鱷魚神索貝克，圖片取自Wikipedia

大量生產的動物木乃伊

如果每天有成千上萬虔誠的信徒來到寺廟，熱切地想把自己心儀的神聖動物製成木乃伊來供奉，可想而知，就產生了龐大的市場需求。根據考古學家估計，古埃及人大約製作了超過七千萬具的動物木乃伊，這是個非常驚人的數字！

然而，問題來了，想要製作這麼多的木乃伊，就需要大量的動物。由於各種動物的數量是有限的，尤其是像聖䴉這樣的「神獸」，光靠大自然供應絕對不夠。

因此，古埃及的祭司們甚至開始飼養這些動物，但是即便依靠人工飼養，數量還是遠遠跟不上信徒們的需求。此外，儘管祭祀用的動物木乃伊有專門的機構負責製作，不過當木乃伊的訂單堆積如山，而動物的數量不足時，動物木乃伊供應商也不得不開始尋找替代方案，出現了動物木乃伊外觀包覆完好，但內容物卻大不相同的情況。有的裡面可能只是裝了幾塊動物的骨頭，有的是什麼動物都沒有，只塞了些和這種動物有關的東西，像是蛋殼、羽毛或是巢穴的材料等，甚至有些「經濟型」的木乃伊裡面只有草、泥巴和樹枝。

國外的研究人員利用現代科技，對數百具動物木乃伊進行了研究，結果發現大約有三分之一的木乃伊裡，根本沒有完整的動物。換句話說，有些信徒可能以為自己買到的是一具包覆精美的鳥木乃伊，結果打開一看，裡面可能只有一堆羽毛、石頭和泥巴！

1. 加拿大博物館收藏的動物木乃伊，圖片取自Wikipedia，拍攝者：Daderot
2. 透出局部鳥喙與翅膀的鳥木乃伊，圖片取自Wikipedia
3. 內含狗骨頭碎片的木乃伊，圖片取自Wikipedia，來源：Metropolitan Museum of Art
4. 大都會藝術博物館收藏的鱷魚木乃伊，包含了鱷魚遺骸，圖片取自Wikipedia
5. 西班牙國家考古博物館展示的小鱷魚木乃伊，圖片取自Wikipedia，拍攝者：Dorieo

價格有差！外表與內在也有反差

　　你可能會覺得，「空心」木乃伊的行為分明是詐騙！不過也有人抱持著不同的看法，一些人認為這是古埃及動物木乃伊供應商為了應付過多的需求量，而不得不使用的折衷方法。畢竟，當動物供不應求時，可能也會出現「只要包裝好就行，沒有人會真的拆開來看」的想法。也有人認為，或許古埃及人並不覺得這是詐騙，甚至有些人可能知道自己買的動物木乃伊裡沒有任何動物遺骸，但他們依然願意為了向神靈表示自己的虔誠，而支付這些木乃伊的費用。畢竟面對大量的市場需求，動物木乃伊的製造商可能會製造出不同的價格和等級的商品，提供信徒選擇購買。此外，也不是每個人都有能力買得起有一隻完整鱷魚在裡面的動物木乃伊。有趣的是，外觀最漂亮的動物木乃伊裡，通常都不包含動物遺骸。

　　這也顯示了古埃及人在資源有限的情況下，竭盡所能地將一切與動物相關的東西做成木乃伊，即使現在我們可能覺得動物木乃伊應該要是真材實料，但對於古埃及人來說，這些木乃伊是他們對神靈表達虔誠的方式，不論裡面含有動物的比例有多少，都具有神聖的意義。

心誠則靈，重新認識動物木乃伊

　　所以，看到這些偷工減料的動物木乃伊，別急著覺得自己被騙

了！對古埃及人來說，包裝漂亮確實很重要，至於內容物嘛⋯⋯心意到就好，畢竟心誠則靈。古埃及的動物木乃伊不僅僅是宗教信仰的象徵，它們也代表了一種古老社會的經濟和文化需求。而今天，透過現代科技的掃描，我們得以重新解讀這些古老的符號，揭示它們背後的故事。

假如日後你在博物館看到一具動物木乃伊，或許可以好奇地問問自己：這裡面到底裝的是什麼呢？或許答案比你想像的更有趣！

大英博物館裡的貓咪木乃伊，圖片取自Wikipedia，作者：Internet Archive Book Images

最悲劇的化石重組事件：
紅遍全球的馬格德堡獨角獸

　　先問你一個問題：你相信有獨角獸嗎？這種傳說中的神獸總是以神祕、純潔的形象出現在我們的童話故事中，牠甚至也是許多文化裡共同擁有的美麗神話生物，從古希臘、古巴比倫、古印度到古代中國，都可以看到牠的蹤跡。不過，這些神奇的小馬究竟只是傳說，還是它們真的存在呢？

　　在德國的馬格德堡自然史博物館（Museum of Natural History Magdeburg）就藏有一隻「馬格德堡獨角獸」（Magdeburg Unicorn），一個讓科學家和動物學家都哭笑不得的「獨角獸」化石，直到今天都還在館內展出。不過，牠可不是普通童話裡的獨角獸，而是一個17世紀重組出來的奇蹟。

不知道是什麼？那肯定是獨角獸！

　　這一切就從一場誤會開始。在德國萊比錫北方的小鎮有一座採石場，1663年的某一天，工人們發現了一些看起來很奇怪的骨頭，包

15、16世紀時，人們相信有獨角獸的存在，圖片取自Wikipedia

含一個巨大的頭骨、幾根肋骨和一些散落的四肢骨頭，以及一根神祕又特別長的尖角，看起來就像是某種大型奇異的生物遺骸，讓工人們摸不著頭緒，想破頭也不知道這些骨頭到底是來自什麼動物。不管怎麼說，這些看起來不平凡的骨頭肯定很特別，一定要讓當地的王室貴族知道，於是這些骨骼化石最後就被送到了鄰近的重要城市——馬格德堡。

其實這些是冰河時期留下來的動物遺骸，包含了犀牛、長毛象和一角鯨等至少三種以上生物的骨骼化石。不過由於當時還沒有採集化石的SOP和相關知識，導致這些打散後的骨頭被硬是放在了一起。當然這些骨頭如果是在今天，我們可以很容易透過科學儀器和設備檢測出來；但在那個科學還不發達的年代，這些骨骼化石引起了不少猜想，那時的自然學者和科學家便開始猜測這可能是一種史前生物的遺骸，至於是什麼生物，大家一時之間也想不出來。就這樣過了幾年，這段期間一直有人嘗試要解開這個世紀謎題，激發了大家的各種想像力，最後集結了當時的眾人之力得出了最「合乎邏輯」，但也令人哭笑不得的結論，那就是「這一定是獨角獸的骨頭」！

於是這些骨骼化石就被當時的人拼拼湊湊出了一隻「獨角獸」來，成了

18世紀博物學家筆下的馬格德堡獨角獸，圖片取自Wikipedia

18世紀博物學家對馬格德堡獨角獸的各種猜測，圖片取自Wikipedia

一具頭大身體小——或者說根本沒身體——還擁有一條長滿刺又細長尾巴的奇葩生物，看起來儼然就像是個修圖失敗的四不像化石。

「格里克的獨角獸」但跟格里克無關

面對這隻詭異的獨角獸，當時也不是全部的人都信以為真，不少學者認真討論這隻獨角獸的真假，但都因為沒有相關有力的證據而流於空談。你可能會想，拜託，怎麼可能會有人相信這個荒謬的組合是獨角獸？嗯……只能說畢竟那還是個充滿神祕與迷信色彩的時代，因此獨角獸的存在似乎也不那麼難以置信了，最重要的是，有誰不喜歡神祕又神聖的獨角獸呢？

只是最倒霉的，大概就屬當時的馬格德堡市長，同時也是著名的科學家奧托・馮・格里克（Otto von Guericke）了吧。他最有名的事蹟就是進行了「馬格德堡半球實驗」，他將兩個半球抽成真空後壓在一起形成一顆圓球，然後透過各8匹馬拉動圓球的左右兩半，但無法將它們分開，來證明真空的強大力量。然

馬格德堡半球實驗想像圖，圖片取自Wikipedia，繪者：Gaspar Schott

而，由於格里克本人的名氣很大，而且曾經在自己的著作裡提到當時的人曾發現一隻獨角獸的骨架，所以後來也陸續有人引述他的著作來介紹和解釋這隻「獨角獸」的由來。不過，也就是在這個過程中，因為有人翻譯錯誤和誤解他的意思，導致這個獨角獸化石的故事越傳越誇張，最後竟然變成了是格里克他發現和負責重組這具獨角獸的化石，甚至開始有人稱這隻獨角獸叫做「格里克的獨角獸」，這也讓無辜的格里克背上了創作這個「人類歷史上最糟糕的化石重建」的黑鍋，跟著這隻看了讓人傻眼的獨角獸化石一起變成後代人茶餘飯後笑話的對象。

現在你知道哪裡有真實的獨角獸了

隨著時代的進步，越來越多科學家開始質疑這隻「獨角獸」的存在，也證實了這隻所謂的獨角獸實際上只是幾種不相關的動物骨骼化石隨意拼湊出來的產物。但它背後讓人好笑又好氣的故事直到今天仍充滿著魅力，依然吸引了許多人的目光。近幾個世紀以來，馬格德堡的獨角獸還是不時會在各種科學著作、博物館展覽，甚至是網路的熱門討論中重出江湖。

所以，如果再問一次：你相信有獨角獸嗎？即使你心裡已經有了答案，至少我們可以知道在馬格德堡，過去的人們曾經用自己獨特的方式，創造了一個「真實」的獨角獸。不管你相不相信獨角獸，這個故事都能讓你在笑聲中感受到歷史和科學的奇妙交錯。之後有機會聊到「獨角獸」這個話題時，你可以很自信地說：「嘿，我知道最特別的一隻獨角獸在哪裡，就在馬格德堡！」

小木偶奇遇記眞人版？
瑞典鯨魚標本肚內的VIP貴賓室

　　瑞典的哥特堡自然史博物館（Göteborgs Naturhistoriska Museum）收藏了一個令人驚豔但背後故事很曲折的寶貝，那就是一隻藍鯨標本，這可不是一般常見的那種只有骨頭的鯨魚標本，而是世界上目前唯一一頭有完整保存藍鯨皮膚的標本！

命運悲情的小藍鯨

　　不過這隻藍鯨生前的命運其實很悲情，牠在1865年因為游得太靠近陸地，不小心擱淺在岸邊。儘管這頭長度超過16公尺、重量約25噸的龐然大物試圖擺脫這種困境，但牠的努力最後都宣告失敗。很快地，附近的漁民就發現了牠的身影。如果是今天的我們遇到擱淺的鯨魚，大多數的人通常都會選擇趕快通報救援單位，想要救救這個可憐的大傢伙。不過由於當時的人們還沒有這種保育觀念，所以當苟延殘喘的鯨魚不幸與漁民四目交接時，漁民們當下就決定刺死它，這隻鯨魚的命運也就此改變。

許多的當地人都跑到現場來看這隻難得出現在岸邊的龐然大物，就連哥特堡自然史博物館的館長也都聞訊趕到海邊。由於館長和人們一開始沒有認出這其實是一隻藍鯨，誤以為牠是全新的物種，於是大家興致勃勃地要保留牠，一位當地的企業家兼慈善家還特別協助博物館買下了這隻鯨魚，館長甚至一度規劃要用自己太太的名字，來幫這個全新的物種命名。

誤打誤撞成了博物館標本

　　只是後來在檢查的過程中，大家慢慢意識到，這其實只是一隻年輕的雄性藍鯨。不過，既然這隻鯨魚已經捐給了博物館，博物館就不能置之不理，因此他們決定要把鯨魚做成標本保留下來。就這樣，在接駁船、汽船、小漁船和拖車等各種交通工具的幫助之下，這隻鯨魚被浩浩蕩蕩地送到了造船廠，準備開始進行漫長而且艱辛的標本製作過程。

　　而這隻鯨魚也在當地引發了轟動，吸引了成千上萬的遊客爭先恐後地來到造船廠，只為了見上牠一面。不過，由於這隻鯨魚實在是太大了，博物館為了補貼開銷和籌措保存鯨魚的費用，他們靈機一動，決定向每個來看鯨魚的遊客收費，同時還在現場提供「鯨魚BBQ體驗」。也就是說，只要你願意花錢，不只可以看到鯨魚本人，你還可以在現場親手燒烤鯨魚肉，同時品嚐牠的味道。這個有看又有得吃的點子成功擄獲了遊客的芳心，讓博物館順利籌到了保

存和製作鯨魚標本的經費。

為了做出逼真的藍鯨標本，跳脫一般博物館只是展出鯨魚骨架的傳統，好讓這隻藍鯨能一眼望去就像是一隻栩栩如生的藍鯨。博物館決定做一個巨大的木框架當作鯨魚的身體，並且在上面覆蓋鯨魚的皮，最終製成了目前世界上唯一一座保留鯨魚皮膚的藍鯨標本。

這隻藍鯨標本主要由三個部分組成，需要移動的時候可以分別拆開搬運。有趣的是，由於當時社會還不像現代有方便拖吊重物的重型機具，因此，過去博物館為了將這隻巨大的鯨魚標本從舊的博物館地點搬到現在的所在地，還曾經直接拆掉了一面牆，好方便搬運這頭鯨魚，也凸顯出這個鯨魚標本對博物館有多麼的重要！

哥特堡自然史博物館中的藍鯨標本，圖片取自Wikipedia，拍攝者：Dr. Mirko Junge

哥特堡自然史博物館中的藍鯨標本側面，圖片取自Wikipedia，拍攝者：Jopparn

藍鯨標本的嘴巴具有可以開闔的機關，圖片取自Wikipedia，拍攝者：Jopparn

小木偶奇遇記真實版

　　不過,厲害的還不只如此,這哥特堡自然史博物館的鯨魚標本還有個特別的地方,那就是它有靈活的機關!

　　透過設計鉸鏈作為開闔的機關,鯨魚的下巴可以打開和闔上,博物館還藉此把這個鯨魚標本的肚子裡佈置得很舒適,裡面不只有手工印刷的壁紙,還有舒服的長板凳、地毯等裝飾,感覺就像是一個溫馨的小雅房或小客廳。如此一來,遊客就能體驗坐在鯨魚肚子裡的感覺,不只能感受《聖經》中約拿被大魚吞下的故事,甚至這個肚子裡的空間還可以用來招待貴賓,當作某種程度的貴賓室。雖然這聽起來比較像小木偶奇遇記的情節,不過這麼有巧思的設計,也讓這隻鯨魚受到許多遊客的喜愛與歡迎。

　　不過,在20世紀初,有一對恩愛的夫妻被發現在這隻鯨魚的肚子裡進行人與人的連結,這個事件不僅讓博物館人員震驚「我到底看了什麼」,也讓博物館在經過內部討論後,決定關閉鯨魚的嘴巴。從此之後,哥特堡自然史博物館的鯨魚標本就只在特殊場合,比如說瑞典的聖誕節或選舉日(因為瑞典文的選舉和鯨魚是同一個字「val」)才會打開鯨魚的嘴巴,讓遊客到鯨魚肚子裡參觀。

　　儘管這隻有著曲折身世的藍鯨標本現在不再開放遊客隨意進到它的肚子裡,但慶幸的是這隻鯨魚標本直到今天仍然完好地保存在哥特堡自然史博物館之中。或許下次你到這裡來的時候,會幸運地看到牠打開那巨大的嘴巴,彷彿正笑著對你說「歡迎光臨!」。

博物館曾經為了搬運藍鯨標本而拆掉了部分磚牆,圖片取自Wikipedia

1. 藍鯨標本由三個主要的部分組成，圖片取自Wikiedia，拍攝者：K.A. Utgård
2. 博物館拆卸了磚牆以運輸鯨魚標本，圖片取自Wikipedia，拍攝者：Elisabet Petersson
3. 博物館過去搬移藍鯨標本的情形，圖片取自Wikipedia，拍攝者：Handelstidningen
4. 鯨魚的嘴巴可以開闔，過去會開放人們進入參觀，圖片來源：Wikipedia，拍攝者：Håkan Berg
5. 鯨魚的嘴巴可以開闔，過去會開放人們進入參觀或舉辦活動，圖片來源：Wikipedia，拍攝者：Gunilla Lagnesjö, Margareta Ekroth-Edebo

瑞典最早的獅子之一：
可能是史上最歡樂的獅子標本

在瑞典的格利普霍姆堡博物館（Gripsholm Castle）中，有一頭被認為是世界上讓人看了最快樂的「獅子王」，同時也是你見過後肯定就忘不了的獅子標本。牠是格利普霍姆堡裡的傳奇角色，因為牠既迷因又魔性的模樣，讓牠很早就成了世界上知名的網紅，擁有來自全球數千名的粉絲。只可惜牠是死後才出名，這一切的故事就要從牠如何成為「格利普霍姆堡之獅」開始說起。

位於瑞典的格利普霍姆堡，圖片取自Wikipedia，拍攝者：Alexandru Babo

據說是瑞典最早的獅子

　　這頭獅子的來歷眾說紛紜，比較常見的說法是，18世紀時，瑞典國王腓特烈一世（Frederick I, King of Sweden）收到了一份來自北非阿爾及爾的禮物——一頭活生生的雄獅。獅子作為萬獸之王，一直以來都是力量、英勇和權威的象徵，歐洲各國的王室和貴族紋章上很常見到獅子圖案，因此，獅子也成了統治者間受歡迎且充滿異國情調的外交禮物。

　　不過，大家要知道，歐洲的獅子很早以前就滅絕了，而且沒有資料顯示北歐曾經出產獅子。換句話說，這頭來自非洲的獅子在當時可是整個斯堪地那維亞半島上數一數二稀有的動物，因此，說獅子是驚天地泣鬼神的禮物一點也不誇張。在18世紀的瑞典，獅子這種東西，大家基本上只在圖畫裡見過，能看到會動的實體版簡直就是見證奇蹟。所以國王一拿到獅子，很快就安排牠住進皇家動物園裡，畢竟牠可是全國難得一見的珍貴獅子。

　　雖然這頭獅子威風凜凜地展示和生活在皇家動物園的籠子裡，但不幸的是，面對瑞典寒冷的天氣，獅子還是沒能熬過幾年，就一命嗚呼了。只是，畢竟獅子是稀有珍貴的動物，也不忍心讓牠就這樣消失，於是，獅子的毛皮和骨頭後來就被保存了下來。

想像力就是你的超能力，才怪

　　過了一段時間後，王室決定把這頭獅子製成標本，便命令一位動

物標本剝製師拎著這頭獅子的毛皮和骨頭,接下這個重責大任去「還原」這頭獅子。

但是,問題來了,正如剛剛說的,獅子在瑞典是稀有的動物,這位標本師從來沒有親眼見過活的獅子。他總不能告訴別人自己不會做吧,這樣豈不是砸了自己的招牌,也滅了自己的威風。於是,俗話說想像力就是超能力……才怪。他只好硬著頭皮,運用自己腦補的能力,加上一些從瑞典紋章上看到的獅子圖案,來完成這個不可能的任務。

結果,當這頭「全新」的獅子標本被展示出來的時候,所有的人都驚呆了。並不是因為這個標本做得多麼逼真,而是因為牠的樣子實在是太過搞笑了!

格利普霍姆堡之獅,拍攝者:郭怡汝

格利普霍姆堡官網上的格利普霍姆堡之獅,圖片取自The Royal Palaces

走鐘的大型絨毛玩偶

這頭獅子標本不僅沒有蓬鬆的鬃毛、充滿霸氣的臉，反而還看起來就像是經歷了失敗整形手術的倒楣動物。

牠的眼睛距離近得彷彿像鬥雞眼又像是卡通人物，嘴裡原本該有的尖牙居然跟人的牙齒一樣整齊排列，再加上那伸出來像在哈氣的奇怪舌頭，以及向前邁出步伐的姿勢⋯⋯這似乎比較像是一隻怪可愛的狗狗，而不是一頭獅子，感覺是來自哪部卡通片，結果跑錯了棚，跑到了城堡裡來，被人們笑說從頭到尾就是件失敗的標本。

不過，也有人為這名標本師抱不平，說這位標本師可能是故意把獅子做成這副模樣，好讓牠看起來更像瑞典紋章上的獅子。還有人說，可能是標本師太過於專注把側面做得威風凜凜，結果讓正面變成了這副模樣。更有人說只給標本師獅子的毛皮和骨頭就要他神還原成獅子，缺乏足夠的參考資料，本來就是強人所難，不要再責怪他了。

瑞典皇家紋章上的獅子（黑森王朝），圖片取自 Wikipedia，作者：FDRMRZUSA

意外成為現代網紅的超人氣獅子

不管怎麼說，這頭帶給人們歡笑的獅子如今已經成為格利普霍姆堡中最有人氣的展品之一。每位前來參觀的遊客看到牠本人時，都會忍不住會心一笑，有的甚至還因此笑出聲音來。

有趣的是，格利普霍姆堡之獅隨著網際網路的普及和觀光旅遊的興盛，牠搞笑逗趣的樣子也讓牠意外成為了網路明星，擁有自己專屬的Facebook粉絲專頁，時不時就會分享一些城堡裡發生的趣事，或是以牠照片製作的節慶貼文，也吸引了全球粉絲追蹤按讚，甚至想要到這座城堡裡去親眼看看本尊。

格利普霍姆堡之獅的樣子拙樸可愛吸引很多遊客朝聖，拍攝者：郭怡汝

格利普霍姆堡之獅的圖案也成了格利普霍姆堡受歡迎的文創商品，拍攝者：郭怡汝

喜劇獅王教會我們的事情

就標本而言,這頭獅子可能是失敗的,不過如果是讓人感到開心的部分,那這隻獅子絕對是成功的典範。

格利普霍姆堡的獅子標本雖然是歷史上一個喜劇化的小插曲,不過,它要告訴我們的不僅僅只是一個笑話,還有在欣賞歷史文物的時候,應該時時保持好奇心和批判性的眼光,去了解那些背後的歷史故事和文化背景。畢竟,如果不是這些「奇妙」的失誤,我們就不會有這頭能帶給人們歡笑的獅子標本了。

展示格利普霍姆堡獅子標本的展場,拍攝者:郭怡汝

www.booklife.com.tw　　　　　　　　　　reader@mail.eurasian.com.tw

IDEALIFE 044

不務正業的博物館：窺見30件超有戲文物的祕辛

作　　者／郭怡汝

發 行 人／簡志忠

出 版 者／如何出版社有限公司

地　　址／臺北市南京東路四段50號6樓之1

電　　話／（02）2579-6600・2579-8800・2570-3939

傳　　真／（02）2579-0338・2577-3220・2570-3636

副 社 長／陳秋月

副總編輯／賴良珠

專案企畫／尉遲佩文

責任編輯／柳怡如

校　　對／柳怡如・張雅慧

美術編輯／金益健・林雅錚

行銷企畫／陳禹伶・黃惟儂

印務統籌／劉鳳剛・高榮祥

監　　印／高榮祥

排　　版／杜易蓉

經 銷 商／叩應股份有限公司

郵撥帳號／ 18707239

法律顧問／圓神出版事業機構法律顧問　蕭雄淋律師

印　　刷／國碩有限公司

2025年4月 初版

2025年6月 2刷

定價390元　　　ISBN 978-986-136-730-9　　　版權所有・翻印必究

◎本書如有缺頁、破損、裝訂錯誤，請寄回本公司調換　　　Printed in Taiwan

這本書是一座紙上博物館，不是為了取代實體博物館的存在，而是為了打開一扇門，邀請你認識那些鮮少被提起的文物，重新發現它們的魅力。每一件文物都承載著歷史的訊息，無論是穿越千年的客訴負評泥板，還是藏在日常生活中的玉山衛生紙，它們都像時光的信使，悄悄地把過去的片段帶到我們的面前。

——《不務正業的博物館》

◆ **很喜歡這本書，很想要分享**
　圓神書活網線上提供團購優惠，
　或洽讀者服務部 02-2579-6600。

◆ **美好生活的提案家，期待為您服務**
　圓神書活網 www.Booklife.com.tw
　非會員歡迎體驗優惠，會員獨享累計福利！

國家圖書館出版品預行編目資料

不務正業的博物館：窺見30件超有戲文物的祕辛/郭怡汝 著.
-- 初版 -- 臺北市：如何出版社有限公司，2025.4
224 面；14.8×20.8 公分 --（Idealife；44）

ISBN 978-986-136-730-9（平裝）

1.CST：文物 2.CST：文化史 3.CST：世界史

713　　　　　　　　　　　　　　　　114001514